TRINITY

THOMAS YOUNG

LEBE *dein* MOMENTUM

Wie wir Schöpfer unseres Schicksals werden

TRINITY

1. Auflage
Originalausgabe
© 2017 Trinity Verlag in der Scorpio Verlag
GmbH & Co. KG, München
Umschlaggestaltung: Guter Punkt, München,
unter Verwendung eines Motivs von © Thomas Young
Layout und Satz: BuchHaus Robert Gigler, München
Druck und Bindung: Pustet, Regensburg
ISBN 978-3-95550-231-7

Alle Rechte vorbehalten.
www.trinity-verlag.de

Inhalt

0 Den Großen Mann und die Große Frau sehen 7

1 Ein Tropfen, der alles verändert 25
2 Die Quelle der Energie 43
3 Das Momentum aktivieren – bist du bereit? 59
4 Mach dir das Universum zum Freund 75
5 Nimm die Herausforderung an – und siege 95
6 Knack den Körpercode und werde frei 111
7 Sacred Commitment – finde dein Herzfeuer 127
8 Happy End – das Umkehren des Zeitstroms 143
9 Resonanz – die Natur des Universums 161
10 Präsenz – der Sieg der Seele 177
11 Das Glück einladen – heirate deine Zukunft 193
12 Flow – der unvermeidliche Erfolg 209
13 A Sense of Destiny – ein geführtes Leben 223

Nachwort 233
Lass dich unterstützen 234
Über den Autor 238

0
Den Großen Mann und die Große Frau sehen

Der Menschen Zeit auf dieser Erde ist bemessen,
das Lied der Seele anfangs klar
und später halb vergessen ...

Die Einladung

Du stehst an einem Wendepunkt in deinem Leben. Alles, was du jemals getan hast, um dich mit dir selbst, der Quelle oder Gott zu verbinden, hat dich an diese Schwelle geführt. Es hat dich vorbereitet auf den nächsten Schritt in deinem Leben. Seit Urzeiten ringst du um spirituelle Weiterentwicklung und die Rückverbindung zur eigenen Seele. Durch Gebete und Meditation, mystische Einkehr und schamanische Trance, Heilzauber und Visionssuche hast du deinem Bewusstsein erlaubt, einen segensreichen Einfluss zu nehmen: auf deinen Körper, die Umwelt, Beziehungen und deinen Lebensweg. Du hast dich mit anderen um Lagerfeuer versammelt, in Pagoden, Kirchen, Zitadellen, Tipis, an heiligen Orten. Warum? Um eine numinose Kraft, eine transpersonale, göttliche Essenz einzuladen. Du hast die Wirkweisen von Mystikern erkundet, heiliges Wissen studiert und Methoden erforscht, die ein tieferes Mitgefühl, unerschütterliches Vertrauen, pulsierende Lebenskraft und seelische Präsenz hervorrufen. Du hast dich den Initiationen verschiedener antiker Mysterienschulen geöffnet, deinen Geist geweitet für die Heilweisen der Zukunft. Blitze der Inspiration hast du über dein Drittes Auge geschaut. Klarträume in der Nacht haben dich an deine Essenz erinnert. Du hast dich einer höheren Liebe, tieferen Wahrheit und größeren Freiheit geweiht, um authentisch zu sein. In deiner täglichen Meditation hast du Raum für die höhere Weisheit der Seele geschaffen und ihr gelauscht. Auf Seminaren hast du diese Erfahrungen in einer offenen Form von Brüderlichkeit und Schwesternschaft geteilt. Und doch …

Dies alles … ist nur das Vorspiel für das nächste Kapitel in deinem Leben. Dies alles … ist die Vorbereitung für das wirkliche Überschreiten der Schwelle. Bist du bereit, ganz du selbst zu werden? Bist du bereit, das Universum durch dich hindurch strahlen zu lassen? Bist du bereit, in dir und jedem anderen den Großen Mann und die Große Frau zu sehen, die Weite deines Wesens ganz wahrzunehmen? Bist du bereit, die höhere Wahrheit über dich zu erfahren? Bist du bereit, den heiligen Traum deiner Seele in der Welt wirken zu lassen?

Jetzt ist deine Zeit

Wir wachsen als Menschheit einem neuen Bewusstsein entgegen. Das Herz weist den Weg. Es weist einen Weg, den der Verstand nicht kennt, einen Weg, der *nur* über das Herz geht. Einen Weg, auf dem du zum Herzen wirst. Als Mensch, der seine Lebensreise bewusst in Einklang mit der Seele geht. Bist du bereit, für diesen Weg über dich hinauszuwachsen? In deine höchsten Fähigkeiten hinein? Wie können wir auf der Reise zur Großen Frau und zum Großen Mann zu dem werden, was die Seele als Lebenstraum in jedem einzelnen Menschen anlegt? Wie können wir verschiedene Herzqualitäten auf eine Weise kultivieren, die hilft, ein erfülltes Leben zu führen? Wie fördern wir eine spirituelle Energie, die dem eigenen Glück dient und gleichzeitig dem Wohl des Ganzen?

Meine persönliche Forschungsreise durch das Leben, durch die Höhen, Tiefen und Untiefen verschiedener Bewusstseinsfelder lässt mich wieder und wieder in Verbindung treten mit dem Großen Traum der Seele. Jeder Mensch hat einen solchen Traum, der die innerste Absicht der Seele trägt. Wie können wir diese noch tiefer spüren? Als Mystiker, Herzlehrer und als Mensch lausche ich der Seele in der täglichen Meditation und gehe in einen inneren Dialog. Was möchte sie mir sagen? Was ist ihr größtes Anliegen für mein Leben? Was ihre tiefste Sehnsucht? Mit Tausenden von Suchenden und Findenden, Männern und Frauen, unerschrockenen Bewusstseinspionieren teile ich auf Seminaren meine Lebenszeit und wunderbare Erlebnisse. Gemeinsam wandeln wir an den

Rändern herkömmlicher Erfahrung, um durchzubrechen in unbekannte Dimensionen des Seins.

Der Ausgangspunkt all dieser Bewegungen liegt in unseren Herzen. Das Herzzentrum spielt die Schlüsselrolle in der Erfahrung transpersonaler Bewusstseinsräume. In jeder Religion, auf allen spirituellen Wegen oder schamanischen Pfaden findet man das Wissen von einer Herzkammer im innersten Kern. Die Mysterienschulen überall auf der Welt suchen die Rückverbindung in diesen *Heiligen Raum* durch Meditationen, Zeremonie und Gebet, so wie wir heute auf Seminaren, Workshops und Kongressen diesen Goldenen Faden weiterweben, der uns von Bewusstseinsgiganten, die vor uns waren, überreicht wurde.

Ich konnte diese Herzlehren nur ins Leben rufen durch Initiationen und Öffnungen, die ich in meinem Buch *Willkommen im Herzen* ausführlich beschrieben habe. Die jetzige Zeit des Lehrens ist ein riesiges Geschenk und eine ständige Herausforderung zugleich. Eine Beobachtung als Seminarleiter und Lehrer sei folgende: Es ist gar nicht einmal so schwer oder unmöglich, wie es vielleicht scheinen mag, gewillten und offenen Menschen ein Herzerwachen zu ermöglichen, das sie bis in ihre Grundfesten erschüttert. Eine Herzeinweihung, die sie im positivsten Sinne Ekstase spüren lässt, eine Erfahrung, die Glückseligkeit fühlbar macht – dieses unbeschreibliche Glück, die Seele im eigenen Körper vibrieren zu spüren. Anzukommen und eine Heimat in sich, im eigenen Herzen wahrzunehmen. Dies ist der Höhepunkt vieler spiritueller Biografien.

Doch stellt sich folgende essenzielle Frage: Was passiert danach? Nach diesen Erlebnissen? Nach einer Einweihung? Geht es darum, eine spirituelle *peak experience* an die nächste zu reihen? Geht es darum, sich der Erdenschwere enthoben in ein sirenenhaftes Nirwana hineinzugrinsen? Im bunten Disneyland des eigenen

Bewusstseins verloren zu gehen? Geht es in der heutigen Spiritualität darum, high zu sein – oder frei zu sein? So essenziell und lebensverändernd die Erfahrung einer Herzeinweihung und eines direkten Seelenkontaktes auch sein mag, ringen wir heute als Menschen um eine noch tiefere Bewegung, die danach stattfindet: Wie bringen wir unser Herz in die Welt?

Das Erleben, das Herz in seiner ganzen Fülle wahrzunehmen, ist essenziell, da wir es sonst niemals von den Feldern des Ego zu unterscheiden vermögen. Wir benötigen diese Referenzerfahrung unbedingt. Nur, was passiert nach der energetischen Verankerung im eigenen Herzen? Kann diese Kraft individuell im Alltag aufrechterhalten werden? Was ist, wenn wir eine Ahnung um den Großen Traum der Seele haben? Wenn die Vision des Herzens schon geschaut wurde? Was passiert damit? Wie manifestieren wir diese Seelenabsicht in unser Leben hinein? Wie schöpfen wir in Einklang mit unseren Herzen?

Hol dir die Schöpfungsschlüssel

Das vorliegende Werk schildert einen gangbaren Weg, zu dem zu werden, was die Seele als höchste Vision in uns angelegt hat. Wir durchschreiten einen erlernbaren Prozess mit unterschiedlichen Bewusstseinstechniken, Übungen und Meditationen. Wir ringen um die Schöpfungsschlüssel für ein neues Sein. Ich nenne diesen Prozess MOMENTUM MASTERY – die Magie der Herzkraft freisetzen. Das MOMENTUM zu meistern ist die höchste Kunst der Herzlehren. Es reicht nicht, um den Traum der Seele zu wissen. Er muss und will ins Leben. Dieses Buch möchte hochwirksame Bewusstseinswerkzeuge an die Hand geben, die es ermöglichen, ein erfülltes Leben zu führen. Erfüllt sind wir, wenn etwas uns ausfüllt, was größer ist als wir selbst, dem wir jedoch gleichzeitig entstammen.

Es gibt einen *Zweiten Körper* des Bewusstseins, der unterschiedliche Namen trägt – in einigen Traditionen wird er als Energiekörper, Quantenkörper oder Heilkörper bezeichnet – und hierbei eine essenzielle Rolle spielt. Zustände von Glückseligkeit, Erleuchtung, Ekstase enthalten zumeist eine Wahrnehmung dieses Zweiten Körpers, der uns durchdringt und gleichzeitig über uns hinausschwingt und mit allem verbunden ist. Ich nenne ihn *Herzkörper*, weil das Herz eine Schlüsselrolle dabei spielt, gemeinsam mit diesem Zweiten Körper ein neues Lebensglück zu erzeugen: das MOMENTUM deines Herzens. Die hier vorgestellten Bewusstseinstechniken gehen über bekannte Wege hinaus und beinhalten eine neue Schöpfungstechnologie. Sie skizzieren einen Prozess, der für jeden offenen Menschen erlernbar ist, und führen zu der Meisterschaft, das eigene Schicksal zu gestalten und die individuellen Gaben in ungeahnter Größe in die Welt zu bringen. Herkömmliche Zeitkonzepte und lineares Denken werden dabei bewusst auf die Probe gestellt.

Wie geschieht unmittelbare Manifestation? Selbst Spiritualität kann fördern oder im Weg stehen, je nachdem wie fixiert oder frei die jeweiligen Wege sind. Unterscheiden wir beispielsweise zwei alte Hauptrichtungen, die seit Jahrhunderten gegeneinander ausgespielt werden: Transzendenz und Immanenz. Die transzendenten Wege sagen: Du bist hier, und die Erleuchtung ist dort. Du musst dich nur noch darauf zuentwickeln. Also: *Tu es!* Die immanenten Wege sagen: Du bist hier, und du bist jetzt. Du musst dich nur noch daran erinnern: Also: *Sei es!*

Das vorliegende Buch widmet sich einer dritten Bewegung: dem *Werden*, und fasst gewissermaßen beide in sich zusammen. (Der Autor fragt sich gerade, ob 2000 Jahre Philosophie, Bewusstseinskulturen und spirituelle Entwicklung durch die radikale Kunst der Vereinfachung nicht etwas zu unmittelbar in zwei Sätzen zusammenfallen? Da der Moment der Erleuchtung jedoch jener ist, in dem alle Fragen sterben, beschließt er, der Sache nicht weiter nachzugehen.) Es geht darum, das zu werden, was in einem angelegt ist *(immanent)*, und sich gleichzeitig freudvoll darauf zuzubewegen *(transzendent)*. Wir werden gemeinsam untersuchen, wie das Werden, wie Schöpfen an sich und in uns funktioniert. Was passiert dort, wo Geist und Materie sich treffen? Ist das Schicksal wählbar oder nicht? Wie viele Schicksale gibt es überhaupt? Wie kann unser Geist auf die eigene Materie, den Körper einwirken? Können wir selbst zu Placebos unserer Entwicklung werden und neurochemische Portale in uns freisetzen, die Heilung hervorrufen? Wenn ja, wie genau funktioniert das? Wie sprengen wir alte Denkstrukturen, um unseren Geist unmittelbarer schwingen zu lassen? Wie laden wir alternative Wege des Sammelns von Erkenntnissen ein? Wie werden wir empfänglich für Intuition, Geistesblitze, Träume und schamanisches Wissen, die den Prozess, das MOMENTUM zu meistern, beleuchten? Es geht um diesen besonderen Moment, in dem du eins mit der Bewegung deiner Seele bist. Du hast ein Leben lang Tanz studiert, geübt, geprobt, und plötzlich wirst du zu all dem gleichzeitig. Du tanzt nicht nur, sondern wirst eins mit der Bewegung. Du bist die Tänzerin, der Tanz und das, was durch dich hindurchtanzt. Jetzt hat das MOMENTUM dich erfasst.

Let's Gozo

Gozo als Seminarort zu wählen ist so ziemlich die letzte Idee, auf die der Verstand kommen kann. Doch die Intuition hat ihre eigenen Bilder und spielt uns diese Nebeninsel von Malta als Ort für das Seminarmodul eines Jahrestrainings zu. Dies geschieht während einer Herzeinweihung in Italien. Das kleine Problem hierbei: Die Gruppe ist schon für vier Module in Österreich eingebucht, und erst jetzt – zwischen Modul eins und zwei – kommt wie aus dem Nichts die Idee, das dritte Modul auf jeden Fall nach Gozo zu verlegen, obwohl ich die Insel gar nicht kenne. Wie kann es einer Gruppe nahegebracht werden, dass die Seminarleitung spontan die Idee einer kleinen ländlich-mediterranen Verschiebung hat? Und das, ohne es der Gruppe aufzuoktroyieren? Als das zweite Modul dann wie geplant in Österreich stattfindet, bitte ich zu Beginn die Götter um eine Vorlage, da ich keine Ahnung habe, wie ich es der Jahresgruppe präsentieren soll. Die Hilfe kommt unerwartet am zweiten Morgen. Ich widme mich wie jeden Morgen mit der Gruppe nach einer stillen Meditation der Traumarbeit. Traumarbeit ist eine große Leidenschaft von mir, da sie ermöglicht, direkt mit den tieferen Schichten der Psyche zu arbeiten. Eine Teilnehmerin meldet sich und fragt, ob auch Träume besprochen werden können, die schon etwas älter sind, genauer gesagt, aus der Zeit, als in Italien jene Herzeinweihung, wo uns die Idee anflog, stattgefunden habe. Ich bejahe und frage mich, was jetzt wohl kommt. Die Teilnehmerin sagt: »Also, ich habe geträumt: Wir verlegen das dritte Modul in den Süden!« Sie beschreibt im Weiteren ausführlich, welche Abenteuer und Geschenke in ihrem Traum dort auf die Gruppe warten würden. Ich bin sprachlos. Welche Kraft synchronisiert diese Ereignisse? Nach einer solchen Vorlage ist es natürlich ein Leichtes, die ungewöhnliche Idee vorzustellen. Sie wird mit Begeisterung aufgenommen und später auch durchgeführt.

Die Wunder, die diese Gruppe dort erlebt hat, würden reichen, ein weiteres Buch zu füllen. Was mich primär daran interessiert, ist der Moment, in dem Innen und Außen zusammenfließen und in eine Resonanz gehen, von der man sagen kann, dass sie jenseits jeder Verstandestätigkeit liegt. Etwas Umfassenderes kommt ins Spiel. Ist es möglich, diese Kraft einzuladen? Ist sie vielleicht sogar lenkbar? Können wir sie zur Heilung einsetzen? Oder geht es mehr darum, sich ihr ganz hinzugeben, sich *zufallsanfällig* für Gnade zu machen?

Folge deinem Ruf

Der brillante amerikanische Mythenforscher Joseph Campbell hat in seinem herausragenden Lebenswerk der Menschheit mannigfaltige Erkenntnisse hinterlassen. Insbesondere hervorzuheben ist sein Buch *Der Heros in tausend Gestalten,* das eine Art kulturübergreifende Landkarte menschlicher Bewusstseinsentwicklung darstellt. Ob in einer primitiven Stammesgesellschaft oder in einer heutigen Hochkultur, das menschliche Bewusstsein entfaltet sich rund um den Globus und durch alle Zeiten in einer Art Mono-Mythos, das heißt, es ist immer die gleiche Schöpfungsgeschichte, die in unterschiedlichen Farben, Facetten, Ländern und Nuancen erzählt wird. Die Namen der Götter und Helden wechseln und ergeben Tausende von verschiedenen Gestalten, doch die Entwicklungsstufen sind erstaunlicherweise immer die gleichen. Und so beginnen all die unterschiedlichen Heldenreisen mit einem Ruf, der an die Heldin oder den Helden ergeht.

Woher kommt dieser Ruf? Ist es das Herz, die Seele, Gott, das höhere Selbst? Was auch immer es ist, der Ruf wird *innen* wahrgenommen, und es braucht das ganze Vertrauen und den höchsten Mut, diesem Ruf zu folgen. Er beinhaltet eine Vision der eigenen Seelengröße, etwas, das weit über die Persönlichkeit hinausreicht und in diesem Buch als »Große Frau« oder »Großer Mann« beschrieben wird. Er fordert die herkömmliche Wahrnehmung heraus. Der Ruf hat nichts mit dem Ego oder einer Selbstüberhöhung zu tun, könnte aber durchaus von der Umgebung so interpretiert werden. Viele Menschen hören diesen Ruf in ihrem Inneren, trauen sich jedoch nicht, ihm zu folgen. Vielleicht haben sie es in der Vergangenheit einmal versucht, aber dann hat die Idee Risse bekommen. Vielleicht waren ihnen die Gesetze der Manifestation, wie sie hier dargelegt werden, nicht in der Tiefe bekannt. Oder sie sind aus anderen Gründen einfach nicht in Aktion getreten. Vielen erscheint der Ruf zu groß, zu kraftvoll, zu erfüllend, zu herausfordernd. Fragen des Selbstwerts und des Würdig-Seins kommen sofort ins Spiel. Ebenso, wie sich die folgende Frage stellt: Was wäre, wenn der Ruf einen Bruch mit dem alten Leben beinhaltet? Die häufigste und am ehesten zu erwartende Antwort ist: Annahme verweigert! Du hast genau gehört, worum es geht. Du hast es in der Meditation geschaut und im Traum das Bild geschenkt bekommen. Dennoch verweigern viele Menschen wiederholt die Annahme. An genau diesem Punkt ist unser ganzes Herz gefordert, und es ist ein großes Geschenk, wenn Lehrer auftauchen, die mit den vielfältigen Hin-und-her-Bewegungen der menschlichen Seele vertraut sind und tiefes Mitgefühl dafür entwickelt haben.

Auch in heutigen Zeiten, in unseren hoch technologisierten Gesellschaften erfolgt dieser Ruf. Er fordert auf, dem höchsten Schicksal zu folgen. Was ist das höchste Schicksal? Was ist die kraftvollste, strahlendste Version der Seele, der wir entgegenwachsen? Was braucht es, um sie ganz zu leben? In der Herzarbeit lassen sich drei verschiedene Arten von Schicksal unterscheiden: Das erste Schicksal ist das der *Opfer*. Hier bewegen sich Menschen in einem Kreis, der primär durch äußere Umstände definiert wird. Sie reagieren auf das Leben, anstatt zu agieren. Fühlen und Denken passen sich diesem scheinbar überwältigenden äußeren Druck an, und es ergibt sich ein mehr oder weniger fremdbestimmtes Leben. Das zweite Schicksal ist das der *trägen Mittelmäßigkeit*. Die Bewegungen des Lebens dienen in stetiger Wiederholung der Sicherheit und Sättigung von Grundbedürfnissen, die schon längst im Übermaß erfüllt sind. Das Leben entwickelt sich zum Götzendienst am eigenen Ego.

Interessant wird es, wenn wir in Verbindung treten mit Nummer drei: Das dritte Schicksal ist das der *Schöpfer*. Hier wird agiert und aus dem Vollen geschöpft. Es geht darum, die Seelenabsicht zu verwirklichen, die Gabe, mit der wir in die Welt gekommen sind, zu entwickeln und so zur Transformation der Menschheit beizutragen. Sich dem eigenen Ruf ganz zu stellen. Wenn wir dieses dritte Schicksal wählen, heißt es mitnichten, dass das Leben einfacher wird, doch es wird zu einem *seelenvollen Gehen*. In Würde und Freude. Auf einem Weg, der ein Herz hat. Für den wir all unseren Mut brauchen.

Die MOMENTUM-MASTERY-Fighters gegen die Trägheitsteufel

Ich sitze mit der allerersten MOMENTUM MASTERY-Jahresgruppe, einer Gang aus unerschrockenen Bewusstseinspionieren, frühmorgens auf einem Cliff in Gozo, und wir beginnen mit unserer Traumarbeit. Ein bayerischer Erfinder und herzvoller Mystiker hat sich mit seinem kosmischen Geist in das Thema vorausgeträumt:

Ich sehe ein Fußballspiel. Die MOMENTUM-MASTERY-*Fighters spielen gegen die Inner Inertia Devils, die Inneren Trägheitsteufel. Es ist das Endspiel, das ganz große Finale. Das Spiel steht auf Messers Schneide. Wir befinden uns in der 89. Minute, und es steht Unentschieden, 1:1. Cut. Plötzlich bin ich selbst auf dem Feld. Ich bin der Mittelstürmer der* MOMENTUM-MASTERY-*Fighters. Wir sind als Team eher schmächtig, alle so um die 1,60 Meter, während die Gegner richtige Kleiderschränke sind. Ich bin im Strafraum, umringt von vieren dieser Riesen. Dann kommt die Flanke von rechts in den Strafraum gesegelt. Ich springe ab, lege mich quer in die Luft, während die vier Verteidiger sich auf mich stürzen. Obwohl es unmöglich erscheint, treffe ich den Ball mit einem Fallrückzieher in einer in sich absoluten und vollkommenen Bewegung. Wie in Zeitlupe. An der exakt richtigen Stelle, mit dem exakt richtigen Druck, in dem exakt richtigen Moment, und der Ball jagt wie an der Schnur gezogen, eine Feuerspur hinterlassend, direkt in den*

Winkel. Tosender Jubel und Applaus. Das Spiel ist gewonnen ... Nach dem Spiel kommt dann die typische Frage des Interviewers: »Wie haben Sie das gemacht?« Ich kann die Frage nicht wirklich beantworten, weil die Bewegung in sich zu vollkommen, zu perfekt war, als dass ich sie mit dem reinen Willen hätte ausführen können. Ich antworte: »Es hat etwas mit der Verlangsamung der Zeit zu tun ...«

Lassen wir diesen Traum für einen Augenblick auf uns wirken! Was braucht es für ein Bewusstsein, um diesen Moment so zu erleben oder vielleicht besser: durch sich leben zu lassen? Es erscheint wie das direkte Wechseln von einem zeitlich kollektiv-definierten in einen zeitlich individuell-verlangsamten Raum. So ähnlich wie es jemand bei einem Beinahe-Unfall erleben mag. Der Laternenpfahl nähert sich unausweichlich, doch urplötzlich verlangsamt sich die Zeit, und der Fahrer führt genau die richtige Lenkbewegung mit dem exakt dosierten Bremsdruck durch und schlittert gerade eben am Laternenpfahl vorbei. Das Herausspringen aus einer fixiert scheinenden Zeitwahrnehmung findet in beiden Situationen statt und kreiert den magischen Moment.

Der Moment, in dem alles fließt

Das MOMENTUM zu meistern ist eine der höchsten Künste der Herzlehren und des Lebens. Der Moment, in dem alles passt. Wir agieren traumwandlerisch sicher aus der Tiefe unseres Seins. Das Universum spielt uns plötzlich zu. Wir sind extrem mit Energie aufgeladen und fokussiert. Alles funktioniert wie von selbst, besser *wie vom Selbst*. Diese Meisterschaft ist ein Prozess, der für jeden erlernbar ist.

Das Herzzentrum spielt dabei eine Schlüsselrolle. Das Herz ist der Sitz der Seele und der Ort des intensivsten Kontakts. Es reicht nicht nur das mentale Aufrechterhalten der Vision, sondern wir benötigen dringend spirituellen Treibstoff für unseren Alltag. Diesen finden wir in Form von Emotionen und Leidenschaft. Wir benötigen *Herzblut*. Wenn es gelingt, die Vision innerlich mit dem Feuer unseres Herzens zu verbinden, dann bekommt diese eine lebbare Zukunft. Sie erfährt Wirklichkeitstiefe. Hierfür werden in den Herzlehren drei Qualitäten kultiviert, die wir später noch ausführlich kennenlernen werden: *Mitgefühl* – als Kraft der Offenheit. Wahres Mitgefühl stellt sicher, dass du in einem stetigen, tiefen Kontakt zu dieser Welt bist. *Vertrauen* – als Quelle der Freiheit. Tiefes Vertrauen erwartet stets das Beste und ist unabhängig vom Ergebnis. Das Große Vertrauen kann niemals enttäuscht werden. Während Mitgefühl das Herz beseelt, läutert Vertrauen den Verstand und befähigt, freudvoll Entscheidungen zu treffen, welche mit der dritten Herzqualität *Courage* – dem Feuer der Manifestation – unmittelbar und direkt umgesetzt werden.

Alle drei Herzqualitäten führen zu *Präsenz* – dem vibrierenden, alles durchdringenden Sieg der Seele. Dies ist ein vollkommen neuer Bewusstseinsraum. Das Herz meistert dabei den Emotionalkörper. Es kontrolliert ihn nicht, wie es der Verstand allzu häufig versucht, sondern es meistert ihn. Der Verstand, von den Sufis auch als »Schlächter der Wirklichkeit« bezeichnet, analysiert, kategorisiert, vergleicht, seziert und versucht so seine Umgebung zu beherrschen. Er ist daher von seiner Natur aus exklusiv, während das Herz *all inclusive* funktioniert. Es schließt nichts aus, keine Gefühle, Inspirationen, Intuitionen, sondern bleibt zu allem, was ist, in stetiger liebender Verbindung. Die inneren Ressourcen des Herzens zeigen uns auf, wer wir wirklich sind: unsere Visionen und Gaben, unsere Größe und unseren höchsten Lebenstraum. Im Einklang damit beginnen wir, uns den Gesetzen der Manifestation unbegrenzter Möglichkeiten zu widmen. Wir lernen, mit Herzintelligenz und Seelenstärke aus der Ewigkeit zu schöpfen. Die freigesetzten Energien führen zur Transformation in allen Lebensbereichen, sei es im Beruf, in Beziehungen, im Gesundheitlichen oder als Seele. Wir beginnen, den Wandel schätzen und lieben zu lernen, und bereiten uns vor auf das dadurch möglich werdende MOMENTUM des Herzens. Das Fließen dieser Kraft ist enorm und eine für jeden Menschen erlernbare Meisterschaft des Glücks. Wir befinden uns heute individuell wie kollektiv an der Schnittstelle zwischen Innen und Außen, genau dort, wo das innere Erleben die äußere Wirklichkeit schöpft. Dort, wo die Gedanken von heute zu den Ahnen unserer Realität von morgen werden.

Das Universum – eine Wunscherfüllungsmaschine?

Zwei Welten magst du meistern,
die eine liegt im Außen – die andere im Innen.

Wenn wir ganz tief nach innen gehen, wem begegnen wir da? Wenn wir alle Stimuli der Außenwelt, alle digitalen Reize beiseiteschieben, in welche Räume können wir uns hineinbegeben? Wie lässt es sich von dort kraftvoll schöpfen? Nehmen wir einmal an, du wünschtest dir mit dem ganzen Willen deiner Persönlichkeit ein bestimmtes Resultat. Ein besonderes Ziel soll erreicht werden. Und obwohl du wünschst und wünschst, wird es nicht erreicht. Warum?

Weil die Gesetze der Manifestation nicht genügend tief studiert wurden und eine solche Art positives Denken nicht die entsprechende Ladung hat, um in unserer sozialen Wirklichkeit manifest zu werden. Als Schöpfer unseres Schicksals brauchen wir einen Zugang zu Bewusstseinsräumen, wie sie von Mystikern, Mystikerinnen, Meistern, Meisterinnen, Mönchen und Nonnen vor uns geöffnet wurden. Wir brauchen einen Zugang zu anderen Frequenzen als der des herkömmlichen Alltags, um in tiefer liegende Schöpfungsräume vorzudringen. Wie bei einer durch unser Bewusstsein erzeugten Heilbewegung.

Die Alchemie einer Heilung besteht aus einem Saatgedanken, einer treibenden Emotion, einem vibrierenden Herzen und einem klaren Geist, die sich unisono in einem Raum reinen Bewusstseins versammeln. Sodann braucht es eine Verbindung zur Erde, zu Raum und Zeit und gleichzeitig in den Kosmos, zur Raum- und Zeitlosigkeit. Dies entspricht ansatzweise den Aufgaben eines kosmischen Trommlers, der mit seinen Händen und Füßen verschiedene Rhythmen spielt, nur dass unsere Klaviatur eine rein geistige ist. Die mystischen Traditionen schenken zur Bewältigung dieser Herausforderung extrem wirksame und zum Teil geheime Herztechniken, um den Geist ruhig werden zu lassen. Gleichzeitig bietet die Wissenschaft heute einen exzellenten Rahmen, um uraltes Wissen durch EEGs und EKGs, Hirn- und Herz-Scans zu bestätigen.

Eine Vision wirklich werden zu lassen benötigt die Bewusstheit innerer Räume und ein präzises Unterscheidungsvermögen. Kultivieren wir diesen Zugang durch tägliche Praxis und verbinden ihn gezielt mit Referenzerfahrungen, die wir in Seminaren oder anderweitig machen, verankert sich die in der Vision geschaute Zukunft im eigenen Sein. In einer Referenzerfahrung nehmen wir eine Energie zum ersten Mal in ihrer ganzen Fülle wahr. Wir wissen nicht nur theoretisch, worum es geht, sondern erfahren es direkt. Das Happy End wird zur lebendigen Gegenwart. Die Zukunft, die wir uns erwünschen, da wir sie in tiefer Meditation selbst geschaut haben und sie im Einklang mit unserer Seelenabsicht ist, wird zu unserer inneren Gegenwart. In uns existiert sie schon. Sie ist in diesem Moment zur Geburt bereit.

Wir werden die Schritte zur Verwirklichung unserer Vision gemeinsam durchgehen. Dies ist kein Buch, das gelesen, sondern gelebt werden will. Wir beschäftigen uns dabei unter anderem mit dem, was heilig ist. Und ob oder wie es uns helfen kann. Wir rückverbinden uns mit den unterschiedlichsten Quellen von Energie. Wir stellen wieder und wieder die Frage nach dem Seelentraum, bis er zu einer im Alltag gefühlten Realität wird. Wir erforschen freudvoll ungeahnte und unbegrenzte Räume von Möglichkeiten. Wir durchbrechen alte Strukturen und ziehen neue Quellen des Seins aus dem Unendlichen an uns. Das Universum machen wir auf jede erdenkliche Art und Weise zu unserem Freund und Verbündeten. Wir lassen uns durch avancierte neurophysiologische Erkenntnisse und zeitlose Herzintelligenz zu neuen Experimenten inspirieren. Wo befindet sich das Forschungslabor? Wir sind es selbst. Es sind unser Denken, Fühlen, Handeln, unser Körper und unser Leben, die wir mit einem erhöhten Bewusstsein gezielt neu gestalten. Wir laden das Glück nicht nur ein, sondern heiraten die in tiefer Trance geschaute Zukunft. Den gewollten Bruch mit alten Gewohnheiten nehmen wir lächelnd als spirituelle Herausforderung an. Wir entscheiden selbst, was das Leben uns neu bringen soll. Wir geben das eigene Herzblut in diese Entscheidung und legen uns gegenüber ein Herzversprechen ab. Dieses Versprechen verstärkt die Kraft, uns durch alle Untiefen hindurchzutragen. Wir kultivieren neben einem Bewusstsein für innere Räume Herzqualitäten und Haltungen, die helfen, die Vision in die Welt zu heben. Wir werden zu Prototypen der eigenen Zukunft.

Herkömmliches Denken wird dabei bewusst auf den Kopf gestellt. Wie wäre es mit dem Erproben paradoxen Manifestierens durch das Aufheben der linearen Zeit? Wir lassen das Happy End zu unserer Ewigkeitsspirale werden. Es reicht uns selbst die Schlüssel unserer Kraft – auf einem Rückwärtsstrom durch die Zeit in diese Gegenwart. Wir erhalten lediglich die Quelle dieses

Stroms, das Happy End, in uns am Leben. Gleichzeitig aktivieren wir das MOMENTUM und geben uns seiner Bewegung hin. Unsere Visionen organisieren sich durch synchrones tausendfaches Handeln. Wir laden etwas für viele Menschen Unglaubliches in unser Leben ein: unvermeidlichen Erfolg! Und in all diesen Bewegungen treffen wir eine essenzielle Entscheidung: Wir wählen das Herz als Meister. Dies führt uns nicht nur durch den Alltag, sondern in einen Bereich, in dem Innen und Außen in eine synchrone Resonanz gehen. Es geschehen Fügungen, und plötzlich beginnt das MOMENTUM zu fließen.

Bist du bereit für eine solche Reise? Bist du bereit für das Überschreiten der Schwelle? Bist du bereit für diesen einen essenziellen Schritt in deinem Leben? Dein Schicksal selbst zu gestalten – indem du deinem höchsten Ruf folgst? Ist deine Antwort ein klar tönendes Ja, dann sieh dieses Buch als einen Raum, in dem du dich neu schöpfen kannst, und sei willkommen auf der wichtigsten Reise deines Lebens.

1
Ein Tropfen, der alles verändert

Heilig ist sein Puls, nicht von dieser Welt,
Heilig das Gefäß, das den Puls enthält,
Heilig ist der Raum, der sie beide trägt,
Heilig ist der Geist, der den Raum bewegt.

Das Geschenk der indianischen Ahnen

Wenn die Welt im Kleinen widerspiegelt, was sie im Großen enthält, wenn Makrokosmos und Mikrokosmos zwei Ausdrucksformen einer universellen Energie sind, dann kann der viel zitierte Flügelschlag eines Schmetterlings die ganze Welt zum Beben bringen und ein einziger Tropfen alles verändern.

Einem inneren Ruf folgend verlege ich mehr und mehr Retreats und Workshops in die Natur. Ich sah vor meinem inneren Auge, was passieren würde, wenn ich das nicht täte und wie das Abbrechen der natürlichen Verbindung zu den Elementen und meinen Instinkten sich in meinem Körper in Form einer Krankheit ausdrücken würde.

In diesem Moment befinde ich mich mit einer Gruppe, die sich weit über die Felsen verteilt hat, auf einem Vortex in Arizona, genauer in Sedona. Das Gebiet um Sedona ist heiliges Indianerland und wurde von den dortigen Stämmen so sehr geachtet, dass sie sich dort nicht wohnlich niederließen, sondern es nur für Zeremonien aufsuchten. In und um Sedona gibt es mehrere sogenannte »Vortexe«, das heißt Berge oder Orte mit stark spürbaren, energetischen Verwirbelungen, welche zum Teil sogar die Bäume spiralförmig wachsen lassen. Ich bin mehrfach in Arizona gewesen und habe in dieser Gegend jedes Mal tiefe Verwandlungen erfahren. Es ist, als wenn ein Teil von mir dort nach Hause kommt und jeden Strauch und Felsen kennt.

Jetzt sitze ich auf Bell Rock, einem der Vortexe, dem eine männliche Energie zugeschrieben wird, was so viel heißt, dass die wahrnehmbare Energie eher elektrisch ist und von unten nach oben fließt, als magnetisch und von oben nach unten. Ich bin versunken in eine tiefe, erwartungsfreie Meditation. Plötzlich zeigt sich vor meinem inneren Auge ein indianischer

Guide, der mir zuvor nur ein einziges Mal innerlich begegnet war, jemand, an den ich in diesem Moment überhaupt nicht dachte. Er hat eine Präsenz, die unmittelbare Aufmerksamkeit einfordert, und ist umgeben von einem weiten Kreis von Medizinleuten. Er tritt auf mich zu, spricht mit mir in einer indianischen Sprache, die ich nicht kenne und dennoch verstehe, und überreicht mir ein Geschenk. Es ist kein wirkliches Überreichen, sondern das Demonstrieren einer Heilweise durch einen Einzigen Tropfen. Der Indianer führt vor, wie ein einziger leuchtender Tropfen durch das Bewusstsein langsam in die Mitte des Kopfes hineinschwebt, und erklärt ausführlich, wie essenziell und wichtig es sei, diesen Einen Tropfen schwebend dort zu halten. Dies sei nur dann möglich, wenn man um ihn und den ganzen Kopf herum ein Geistgefäß oder Feld kreiere, das diesen Tropfen dort in der Mitte des Schädels in jener Schwebe halten könne. Ich bin sprachlos, tief berührt und danke ihm von Herzen.

Diese Begegnung war vollkommen unerwartet und extrem tief. Ich lasse sie so lange wie möglich einwirken, bis etwas in mir beginnt, wie von selbst Verbindungen herzustellen. Die Heilweise, die der indianische Guide mich lehrt, erinnert mich an einen Bericht über moderne Nuklearforschung, in dem es darum ging, »saubere« Nukleartechnologie ohne Abfallprodukte zu entwickeln, und zwar durch die Fusion zweier Plasmateilchen, die dabei eine extrem hohe Energie freisetzten. Es gab allerdings kein Material, das die entstehende Hitze hätte aushalten können, was die Forscher jedoch nicht entmutigte, sondern eher anspornte zu versuchen, einen besonderen Raum zu kreieren, eine Art magnetisches Feld, in dem die Fusion stattfinden könnte. Ich bin kein Physiker, und doch empfinde ich die Parallele als frappierend.

Grundsätzlich ist die materielle Ebene der Wirklichkeit eine Spiegelung der spirituellen Ebene und umgekehrt. Beide Seiten dieser kosmischen Medaille sind nicht voneinander trennbar. Seit Tausenden von Jahren lesen die Mystiker und Adepten in der Akasha-Chronik, einer durch Meditation erreichbaren unsichtbaren Wissensbibliothek, in der das gesamte Wissen der Menschheit zugänglich ist. Heute loggen wir uns in das Internet ein und fischen die Informationen aus der Cloud, einer materiellen Spiegelung dieses uralten Vorgehens.

Dies lässt sich mit einer Münze vergleichen: Wenn auf der einen Seite »Freude« und auf der anderen »Leid« stünde, ist das eine ohne das andere nicht wahrnehmbar. Wir können uns als Menschen sehr materiell orientieren oder eine spirituell orientierte Perspektive einnehmen, doch die jeweils andere Seite ist in jeder Perspektive enthalten. Das gleiche exponentielle Wachstum, das wir in den Technologien erleben, findet in spirituellen Feldern statt. Jede Generation baut auf den Bewusstseinsleistungen ihrer Vorgänger auf. Wir weben sozusagen einen Goldenen Faden weiter. Wenn von Mitgliedern der *indigenous people,* eingeborener Stämme wie der nordamerikanischen Indianer, eine derart kraftvolle Heilweise übermittelt wird, verbunden mit der Aufforderung, diese zu teilen, so führt es uns direkt an die Schwelle unserer herkömmlichen Wahrnehmung. Was ist Wirklichkeit? Wie können wir auf die für uns wahrnehmbaren Ebenen einen segensreichen Einfluss nehmen? Wie können wir darüber hinaus die Wahrnehmungskanäle so weiten, dass ein umfassenderes Verständnis der eigenen individuellen und kollektiven Existenz als Mensch entsteht?

Wir befinden uns alle, ob bewusst oder unbewusst, auf einer der abenteuerlichsten Reisen, die der Kosmos zu bieten hat:

*Als Seele in einem fühlenden, atmenden Körper,
um diese Erde zu erleben.*

Während man es in einigen spirituellen Traditionen kaum abwarten kann, den Körper zu verlassen, um aufzusteigen, glaube ich, dass es eines der größten Geschenke im Universum ist, überhaupt einen menschlichen Körper zu haben. Im tiefsten Inneren denke ich, dass viele Seelen einem SOS-Ruf von Gaia, dem Wesen der Erde, gefolgt sind, um ihr zu helfen, und dass sie Teil der Bewusstwerdung dieses Planeten sind. Es gibt eine uralte Prophezeiung der Hopi-Indianer, dass in dem Moment, in dem die Erde weint, die Regenbogenkrieger aufstehen und einander erinnern: an das, was sie sind und warum sie auf diesem Planeten leben. Für mich ist dieser Moment jetzt, und die Heilweise mit diesem *Einen Tropfen* reicht möglicherweise tiefer, als wir es im ersten Moment wahrzunehmen in der Lage sind.

Ein Geistgefäß

*Die Ahnen stehen im Gebet,
bittend den Wind,
dass er zu dir weht
die Kraft deiner Seele,
um dich zu fragen:*

*Bist du bereit, Gefäß zu sein
für diesen Einen Tropfen,
der sich durch dich teilt
und alles heilt, auf das er trifft ...*

Alles in mir schreit Ja. Natürlich bin ich bereit, Gefäß zu sein und diese Heilweise mit ganzem Herzen zu praktizieren. Der Tropfen führt mich mitten in eine der existenziellen Fragen der Menschheit, um die mein Geist kreist, seitdem ich denken kann: Wie können wir mit unserem Bewusstsein Heilung evozieren? Wie können wir auf biologische Materie durch eine geistige Ausrichtung und ein spirituelles Training Einfluss nehmen? Wie können wir, im Herzen verankert, manifestieren? Um eines klarzustellen: Mir reicht hier keine theoretische Erklärung, dass das Eine in Allem ist und die Essenz dieser Welt über einen Tropfen wahrgenommen wird. Es muss im Alltag funktionieren, bei mir, bei dir, bei anderen. Es muss spürbar sein. Ich höre dem Indianer tränenüberströmt weiter zu.

Dieser Tropfen trägt den Herzschlag Gottes,
die gesammelte Kraft der Alten,
sie ist in ihm enthalten.

Meine Gefühle kollabieren, Gedanken explodieren. Zeitenwände stürzen ein. Mein Geist rast durch Bewusstseinstheorien über die Neuroplastizität des Gehirns, die Einpünktigkeit des Geistes in mönchischen Meditationen, Heilung durch Placebos und Informationsmedizin bis hin zu Grenzerfahrungen, die ich mit dem Großen Weißen Licht von Jesus gemacht habe, als ich im Rahmen eines Jahrestrainings seinen Einweihungsweg nachgegangen bin. Das, was in diesem *Christus-Quantum-Training* als Zweiter Körper kultiviert wurde, begegnet mir hier in einer ganz anderen und doch ähnlichen Weise als Geistgefäß, das den Körper durchdringt und umfasst. Zugleich wird es uns im Laufe des Buches immer wieder begegnen – als Raum der Räume, in dem Schöpfung und Manifestation in ungeahnter Art und Weise möglich werden.

Der Tropfen wirft mich aus der Bahn und hält mich gleichzeitig in der Spur. Was mich am meisten berührt, ist sein Inhalt, seine Essenz: Er besteht aus dem Herzschlag Gottes und der gesammelten Kraft der Alten. Wenn Gott in diesem *Einen Tropfen* pulsiert, wenn das Christuslicht in jedem Quantum vibriert, wenn Lebensenergie überall schwingt, wenn du und ich Teil davon sind, dann können wir uns an jedem Ort zu jeder Zeit ohne Vermittler mit den Superkräften des Universums verbinden. Es ist lediglich eine Frage der Ausrichtung und des Trainings.

In den antiken Mysterienschulen dieser Welt, aus denen ein Teil der Herzlehren stammt, hat man auf drei umfassende Bereiche des Bewusstseins großen Wert gelegt. Auf der ersten Ebene geht es einzig und allein um die Schulung von *Fokus*. Es werden wieder und wieder Techniken eingeübt, welche den Geist einpünktig machen und ihn quasi zu einem Laserstrahl bündeln. Die Meditationen und Kontemplationen dienen primär der Ausbildung von Fokus. Der zweite Bereich beschäftigt sich mit *Ethik* und ist werteorientiert. Hier geht es um die Entwicklung von Mitgefühl, von bedingungsloser Liebe, um die Kultivierung des Herzens und von Haltungen dem Leben gegenüber, die es dem Individuum ermöglichen, sich tagtäglich in weiten Bewusstseinsräumen zu verankern, das heißt zu agieren, statt zu reagieren. Der dritte Bereich beinhaltet das Lehren von differenzierender *Weisheit*. Der Mystiker muss in der Lage sein, die unterschiedlichen Bewegungen des menschlichen Bewusstseins zu verstehen sowie die tieferen Schichten der Wirklichkeit zu durchdringen und deren Energien segensreich anzuwenden. Der chinesische Weise Meister Lü Dongbin beschreibt in seinen Ausführungen über das Geheimnis der Goldenen Blüte dazu treffend:

Alle Wandlungen des menschlichen Bewusstseins hängen vom Herzen ab. Hier gibt es einen geheimen Zauber, der, obwohl er ganz genau stimmt, dennoch so fließend ist, dass er äußerster Intelligenz und Klarheit und der äußersten Vertiefung und Ruhe bedarf. Menschen ohne diese äußerste Intelligenz und Verständnis finden den Weg nicht, Menschen ohne die äußerste Versenkung und Ruhe können ihn nicht festhalten.

Auch in diesem uralten Text geht es um die Fähigkeit, etwas halten zu können – so wie das Geistgefäß diesen *Einen Tropfen* halten soll. Wir brauchen die Entwicklung dieser speziellen Fähigkeit, um unseren Seelentraum *halten* zu können. Dein Bewusstsein ist das Geistgefäß, mit dem du deinen Traum nährst, ihn in deinem Herzen hältst und mit jedem Atemzug sein Bild in die Welt hinein pulsieren lässt. Schöpfung entsteht, wenn deine innere Realität das Außen bildet, kreiert und sich in der Umwelt widerspiegelt. Ein Weisheitslehrer fungiert hierbei als Realitätskanal, da er um die inneren Ebenen weiß und sie ihm zugänglich sind. Stell dir selbst eine essenzielle Frage: *Was liebst du wirklich?* Stell dir diese Frage wiederholt: Was liebst du wirklich? Und danach stell dir eine weitere zentrale Frage: *Wer bist du wirklich?* Bist du dein Name, deine Arbeit, dein Partner-Sein, dein Vater- oder Mutter-Sein? Wer bist du wirklich? Was wünschst du hier als Seele in dieser Welt zu tun?

Wenn du die Antworten auf diese Fragen gefunden hast, können wir beginnen, sie mit den neuen Meditationen und Techniken des MOMENTUM MASTERY-Prozesses in die Welt zu bringen ...

Frage 1: Was liebst du wirklich?

Frage 2: Wer bist du wirklich?

Das Halten von Energie

Das Geistgefäß, das diesen Tropfen hält,
es mag sich dehnen
über deinen Kopf hinaus und diese Welt.
Ein Raum entsteht aus Hier und Jetzt
und aus unendlich vielen Weiten,
zugleich enthält er alle Zeiten.

Die Fähigkeit, eine Energie zu halten, ist offensichtlich ein erstrebenswertes spirituelles Gut. Ohne Gefäß ist es schwer, Nahrung zuzubereiten. Wenn Menschen ausrasten, sagen wir, sie verlieren die Fassung. »Fassung« ist ein anderes Wort für Gefäß. Sie verlieren etwas, das sie zusammen*gehalten* hat. Ich sehe das Herzzentrum als essenzielles Gefäß, das durch tägliche Praxis zu kultivieren ist, da es die einzige Möglichkeit darstellt, den Emotionalkörper zu meistern. Der Verstand sieht sich nur allzu gern als Gegenspieler alles Emotionalen und spaltet es ab. Der Körper wiederum bevorzugt das, was er schon kennt, und geht ungern darüber hinaus. Er beinhaltet ein großes Trägheitsmoment. Allein das Herzzentrum hat keine Angst vor Emotionen. Es ist das Gefäß, in dem und mit dem wir sie verwandeln können. Bringen wir ein bestimmtes Gefühl in Verbindung mit der spirituellen Kraft des Herzens, so wandelt es sich. Aus dem Feuer der Wut wird Leidenschaft, aus Angst Wachsamkeit. Wir tragen einen riesigen Transformationskessel in unserer eigenen Brust.

Die Alchemie dieses Kessels ermöglicht es den Tibetern, in ihrer Tonglen-Herzmeditation alle negativen Zustände umzuwandeln in essenzielle Seinsliebe. Dieser Punkt ist extrem wichtig für jede Form von Manifestation. Wir brauchen unseren durch das Herz gemeisterten Emotionalkörper. Wir generieren sonst keine Ladung, welche die Vision in Bewegung bringen kann. Wir brauchen *E-motion, Energie in Bewegung.* Anhänger vieler spiritueller Traditionen fürchten ein Zuviel an Emotion, weil sie Angst haben, sich in der Unerlöstheit dieser Felder zu verlieren. Sie sehen Emotionen nicht als eine Form von Präsenz mit einer eigenen Daseinsberechtigung und einem tieferen Sinn, sondern fürchten um die subtileren Präsenzen ihres hoch schwingenden Seins. Aus einer umfassenderen Perspektive sind Emotionen jedoch ebenfalls Ausdrucksebenen des Seins, und keine Präsenz ist wertvoller als die anderen. Wir bestehen alle aus einer Vielfalt von Präsenzen, die zu unterschiedlichen Zeiten aktiv werden. Es geht nicht darum, sie in sich gegeneinander auszuspielen, sondern die Spannung der Gegensätze auszuhalten ... in ihrer ganzen Paradoxität.

Die sechs Krampusse – Tanz der Polaritäen

Ich befinde mich in einem Seminarhotel in Niederösterreich und bin glückselig. Eben habe ich mit der Christus-Quantum-Jahresgruppe eine zutiefst berührende Abschlusszeremonie durchgeführt. Alle sind ganz in Weiß gekleidet und schweben liebestrunken die Stufen hinauf zum Speisesaal. Exakt in dem Moment, als wir die Restaurantebene erreichen, ertönt ein ohrenbetäubendes Gebrüll, Grunzen und Grollen, und durch die Waschküche entern sechs Krampusse den Laden. Zur Erklärung (ich selbst hatte keine Ahnung): Ein Krampus ist so eine Art niederösterreichischer Knecht Ruprecht, ein Gehilfe vom Nikolaus, allerdings in der katholischen Death-Metal-Version: »Wenn du nicht brav bist, holt dich der Krampus ...«

Und wie! Mit furchterregenden Teufelsmasken und viel Lärm gehen die sechs Krampusse auf die Weißen los. Noch vibrierend von den Energien des Christus-Quantums stehen wir plötzlich Aug in Aug den Teufeln gegenüber, die auch körperlich rustikal zudringlich werden. Alkoholfahne voran, stürzt ein Ober-Krampus auf mich zu und will mich antatschen. Eben noch in bedingungsloser Liebe fließend, höre ich mich mit einer frostigen Straßenkämpferstimme sagen: »Wenn du mich nur ein einziges Mal berührst, schlage ich dich und deine Kumpel zu Brei.« Ich blicke dem Krampus fest unter die Maske. Er ist sich nicht wirklich sicher, ob oder wie ernst ich es meine, und lässt von mir ab. Ich bin ganz froh, dass er es nicht ausprobiert hat, da ich die Tendenz habe, zu meinem Wort zu stehen. Schon in der nächsten Sekunde muss ich über mich selbst lachen, und fünf Minuten später stehen die Weißen und die

Teufel – diesmal ohne Masken – gemeinsam am Tresen und tauschen sich aus.

Was hat dieses Beispiel mit Manifestation zu tun, mag man sich fragen? Alles hat es damit zu tun! Es illustriert, wie bei jedem Schöpfungsakt sofort die andere Seite der Polarität ins Spiel kommt. Je höher wir uns gleichsam in neue Frequenzen hineinschwingen, desto größer wird die Herausforderung. Und es zeigt, wie meine Person dabei in Sekundenschnelle in eine Reaktion fällt, anstatt zu agieren und bewusst zu wählen. Ich habe während dieses Jahrestrainings und dessen extrem hoch schwingenden Energien mehr Angstträume durchlebt als in meinem ganzen Leben zuvor. Rückblickend erscheint dies sinnhaft und einer kosmischen Ordnung folgend. Je höher die evozierte lichtvolle Energie schwingt, desto tiefere Schichten kann sie im eigenen System erreichen und in eine lösende Bewegung bringen. In dem jeweiligen Moment kommt es jedoch völlig überraschend und erwischt einen unvorbereitet. Schärfen wir daher das Bewusstsein dafür, wie Polaritäten miteinander tanzen! Es geht darum, sich nicht davon beeindrucken zu lassen, sondern die eigene Schöpfung inmitten all dieser tanzenden Polaritäten aufrechtzuerhalten. Das zu bildende eigene Gefäß muss in der Lage sein, sowohl das Helle als auch das Dunkle in seinem Herzen zu tragen.

Als Menschen, die wir aktiv am Leben teilhaben, können wir kaum ohne Projektion leben, das heißt, wir projizieren unsere Sicht der Dinge, unsere Gefühle, unsere Energie in jedem Fall nach außen: auf die Bühne einer Beziehung oder der Gesellschaft. Geht es darum, dies zu unterlassen? Ich halte das nicht für möglich. Vielmehr geht es darum, sich dabei wahrzunehmen, ins Herz zu gehen und dann zu wählen. Mögen die Krampusse noch so sehr brüllen! Die Konsequenz des vermeintlichen Schlages wäre gewesen, selbst zu einem Krampus zu werden.

Das Gefäß, das wir in unseren Herzen bilden, soll die Grundlage dafür schaffen, Energien zu halten, und zwar beide: *plus* und *minus, aktiv* und *passiv*. Erst dann werden wir zu Alchemisten des eigenen Seins. Nur das Herz vermag die transformierende Bewegung durchzuführen und kann sagen: »Das bin ich auch. Ich bin das Gute, das Schlechte, das Schöne, das Hässliche, das Helle, das Dunkle ...« Dieser Satz »Das bin ich auch« führt uns mit dem Herzen auf eine erweiterte Bewusstseinsebene, die all diese Polaritäten umfasst. Wir bewegen uns dadurch in den Hintergrund des Lebens, dorthin, wo Schöpfung stattfindet, und nähern uns ursprünglichen, gewaltigen Energiequellen.

Heute schon was Neues gedacht?

Die konsequente Haltung der Mystiker, alles, was ihnen begegnet, nach bestem Vermögen in ihr Herz zu nehmen, stärkt dieses Gefäß ungemein. Ein Gedanke, der nur gedacht wird, ist bloß einer von vielen Gedanken und hat keinen Rahmen, in dem er sich niederlassen kann und dann wie ein Setzling entfaltet und wächst. Während dieses Phänomen bei Pflanzen klar und deutlich erscheint, tun wir uns als Menschen schwer mit den Funktionsweisen des Denkens und seinen Folgen. Jeder Gedanke ist eine Schöpfung. Jeder konstruktive und jeder destruktive Gedanke. Wenn ich mir etwas von Herzen wünsche und »erdenke« und es fünf Minuten später zweifelnd infrage stelle, betreibe ich offensichtlich ein energetisches Nullsummenspiel.

Wir werden daher im MOMENTUM MASTERY-Prozess nicht nur studieren, wie wir manifestieren und das Manifestierte in unserer dreidimensionalen Welt verankern, sondern auch den Blick dafür schärfen, durch welche unbewussten Vorgänge unsere Schöpfungen geschwächt werden könnten. Dadurch tappen wir im Alltag nicht in diese Fallen und halten das MOMENTUM-Bewusstsein aufrecht. Wie ein Tropfen die Welt verändert, so kann ein Gedanke, in einem Schlüsselmoment gedacht, die ganze Biografie eines Menschen bestimmen. Unser Bewusstsein und insbesondere seine Bilder haben realitätsbildende Kraft. Jeder Mensch denkt pro Tag circa 60 000 bis 80 000 Gedanken. »Frohe Botschaft«, könnte man meinen, doch weit gefehlt! 90 Prozent dieser Gedanken sind Gedanken, die wir gestern schon gedacht haben. Genau die gleichen Gedanken, die gestern gedacht wurden – so redundant wie dieser Satz.

Wir haben lediglich ein Zehn-Prozent-Fenster, um überhaupt etwas Neues zuzulassen und den frischen Wind unseres Geistes furchtlos an die Ränder der Erkenntnis und darüber hinaus wehen zu lassen. Neueste Studien aus der Hirnforschung zeigen, dass Menschen schon ab dem 35. Lebensjahr neurologisch rigide werden, wenn wir dem nicht bewusst entgegenwirken. Der Volksmund wusste das schon immer und spricht bei älteren Menschen von »Verkalkung«. Doch schon mit 35? Dann schreibe ich mich ja gerade munter freudvoll durch diese kalkigen Schichten hindurch. Unter uns: Manchmal höre ich es im Hirn leicht rieseln. Ich stelle mir dann tröstlich vor: Das sind bestimmt die neuen Frequenzen …

Die Macht der Gewohnheit hält die Menschheit fest im Griff. Um dieser Tyrannei in uns selbst gewahr zu werden und gegenzusteuern, brauchen wir einerseits kraftvolle Techniken, um uns durch Meditation über das Herz täglich mit unserer Seele zu verbinden, und andererseits ein Bewusstseinstraining, das darauf abzielt, hindernde Gewohnheiten und Konditionierungen zu durchbrechen. Im MOMENTUM MASTERY geht es darum, unsere Perspektiven zu flexibilisieren, ein weises Herz-Denken zu kultivieren und die geistigen Gefäße so weit zu dehnen, dass unbekannte Bewegungen, neue Energien, höhere Frequenzen, lichtere Schwingungen sowie bis dahin Unsichtbares, Unfühlbares, Unhörbares zugelassen und wahrgenommen werden.

Wir wollen dem Universum, Gott, der Liebe und dem Licht *erlauben, uns nahe zu sein*. Abgefahrener Gedanke, oder? Erlauben? Klingt das nicht zu vermessen? Und doch ließe sich in einem Seminar sofort jeder einzelnen Person zeigen, wo sie sich genau dieses nicht erlaubt, sondern das, was sie sich sehnlichst im Herzen wünscht, durch innere Abwehrstrukturen vermeidet. Wenn es gelänge, jemanden mithilfe einer Superübung dazu zu bringen, einfach nur *nicht zu vermeiden,* so wäre diese Person im selben Moment erleuchtet.

Wie können wir also unsere Gehirne im positivsten Sinne selbst »waschen«, sodass neue Gehirnkapazitäten entstehen? Das Wort Gehirnwäsche wird hier absichtlich gewählt, um zu testen, ob der bewusste Leser auch bei solch einem Reizwort über alte Konnotationen und fest im Kollektiv verankerte Synapsen hinausdenkt. Oder nehmen wir eine biblische Metapher: *Man kann keinen neuen Wein in alte Schläuche füllen.* Und schon wieder müssen jene Leser, die eher christlich erzogen sind, über alte Wertungen hinausgehen. Dies ließe sich endlos fortsetzen. Jedes neue Wort und jede neue Botschaft klopfen an eine alte Wertung.

Wie bewusst sind wir uns darüber, dass allein das Sprechen einer bestimmten Sprache und das Benutzen ihrer Grammatik unser Denken und die Wahrnehmung unserer Welt massiv formt und beeinflusst? Wir sind zum Beispiel gefordert, Sätze mit einem Subjekt und einem Prädikat zu bilden. So weit, so gut. Nur wie verhält es sich bei unerklärlichen und faszinierenden Phänomenen wie der *Zeit*? Wir sind quasi grammatisch dazu gehalten, zeitliche Phänomene wie einen Gegenstand zu betrachten, das heißt wie ein Subjekt. »Der Tag kommt. Die Sekunde vergeht. Der Puls schlägt.« Was dadurch entsteht, ist eine bestimmte Form der Zeitwahrnehmung: Wir verräumlichen Zeit. Wir machen sie zu einem Ding. Obwohl sie überhaupt kein Gegenstand ist!

Andere Kulturen wie die der Hopi verfahren nicht so. Für sie gibt es keinen Unterschied zwischen dem Puls und dem Schlagen, dem Tag und dem Kommen – sie würden schlicht etwas sagen wie »*pulsieren*« oder »*tagen*«, ohne Subjekt. Wer ist hier näher dran an dem Phänomen Zeit? Wir oder die Hopi? Der Blitz leuchtet, schreibt uns die Grammatik vor. Gibt es wirklich einen Unterschied zwischen dem Blitz und seinem Leuchten? Wer besitzt in diesem Fall die präzisere Abbildung von Wirklichkeit? Die Seher der Hopi sollen durch die Zeit reisen können und haben ihre Visionen in entsprechenden Prophezeiungen niedergelegt. Sind sie dem Phänomen der Zeit näher, weil sie es eher wie ein Verb betrachten?

Hier geht es nicht darum, diese Perspektiven gegeneinander auszuspielen, es soll nur deutlich gemacht werden, dass eine unmittelbare, direkte Wahrnehmung einer tieferen Ebene von Wirklichkeit, aus der wir schöpfen wollen, eine herausfordernde Reise durch etliche vorkonditionierte Schichten des Seins bedeutet. Was wir für diese Bewegung brauchen, sind eine neue mentale Fitness und einen Zugang zu den tieferen Ebenen unseres Herzens, welche eine zeitlose Form der Weisheit generieren.

Beobachte, wie das Herz sie verbindet

Experiment 1

Sei eingeladen zu unserem ersten Selbstversuch: der *Herz-Beobachtung*.

Was ist dein nächster Gedanke? Kannst du deinen wilden Verstand so ruhig werden lassen, dass du zunächst gar nichts denkst? *No-Mind*. Alles auf Anfang. Gar nichts denken. Auch nicht denken, dass du gar nicht denkst. Das wäre ja schon wieder ein Gedanke. Kannst du innerlich so ruhig werden, dass du den Schöpfungsprozess deines eigenen Herzens in dieser Stille in dir wahrnimmst?

Ich halte dieses Wahrnehmen für eine extrem große Herausforderung und möchte den Vorgang anhand eines Traums illustrieren, den ich träumte, nachdem mein von Herzen geliebter Mentor, Lehrer und Freund meiner Seele, der Mystiker Brugh Joy, im Jahr 2009 gestorben war. In der Zeit danach erschien er etwa einmal im Jahr an wichtigen Wendepunkten meines Weges, um meiner Seele entsprechende Hinweise zu geben.

In einer großen Seminarhalle gebe ich vor circa 200 Menschen ein Teaching. Die Teilnehmer führen konzentriert Übungen durch. Während ich dort lehre, taucht Brugh plötzlich auf und nimmt mich zur Seite. Die Gruppe hat ein alchemistisches Mysterium zu lösen. Er sagt: »Du weißt um das Training.«
Ich antworte: »Ja.«
»Und du arbeitest mit all diesen unterschiedlichen Menschen.«
Ich antworte erneut: »Ja.«
Er erklärt: »Was ich meine, ist: Du weißt tatsächlich um den

tieferen Prozess. Du hast ein angeborenes Verständnis, wie der mystische Prozess sich vollzieht. Etwas, das schon immer in dir gewesen ist. Du kannst selbst, wenn du vor vielen Menschen sprichst, seien es Hunderte oder auch Tausende, in der Energie verweilen. Was ist die Grundlage davon?«
Ich antworte: »Um das Mysterium zu lösen – oder besser: zu leben. Lass das Herz den Weg finden und nicht den Verstand.«
Er erwidert: »Ja, aber noch viel tiefer: Auf dem Grund der Stille stell niemals Verbindungen her! Lass allein das Herz diese Bewegung ausführen. Kümmere dich niemals um eine Lösung. Verbinde die Gedanken niemals. Beobachte, wie das Herz sie verbindet ... Beobachte, wie das Herz sie verbindet ...«

Ich wache auf und fühle mich durch diesen Traum gesegnet. Ich möchte ihn nicht weiter kommentieren, sondern einfach dazu einladen, das obige Experiment im Sinne des Traumes durchzuführen.

2
Die Quelle der Energie

Die Quelle der Energie verlässt dich nie,
sie ist mit dir und deinem Atem,
sie schlägt durch dein Herz
und ist unsichtbar …

Wie füllt sich das Gefäß?

Bislang ging es darum, den Seelentraum zu erinnern und seinem höchsten Ruf zu folgen sowie ein Bewusstsein für das Herzzentrum als Gefäß zu entwickeln, das wir herausbilden können. Jetzt geht es darum, dieses *Geistgefäß* mit Energie zu füllen. Wir haben einen Traum und ein Gefäß, um Energien zu halten, die erste Grundlage einer neuen Art der Manifestation. Wie füllen wir dieses Gefäß mit transpersonaler Energie? Oder vielleicht besser: Wie lassen wir zu, dass es sich füllt?

In der Herzarbeit beobachte ich auf den Seminaren, dass, egal wie viel Kraft oder Ausdauer jemand besitzt, die persönlichen Ressourcen irgendwann erschöpft sind. Insbesondere Menschen in helfenden und heilenden Berufen oder in verantwortungsvollen, leitenden Positionen, wie CEOs und Manager, sind in unserer hochgradig durchfunktionalisierten Berufswelt irgendwann am Ende ihrer rein persönlichen Kräfte angelangt. Sie gehen dann entweder in den Burnout oder werden körperlich krank.

Aus meiner Sicht geht es darum, innerlich eine Umstellung zu vollziehen: von personal zu transpersonal! Wenn es gelingt, sich mit einer Energie zu verbinden, die nicht aus uns herauskommt, sondern durch uns hindurchfließt, agieren wir aus einem transpersonalen Raum. Der erste Raum ist definiert durch *egoisches Wollen*, der zweite Raum durch *seelisches Wirken*. Wir sind entweder *driven* oder *called*, getrieben oder berufen.

Jemand mag in exakt dem gleichen Feld arbeiten mit den gleichen Aufgaben wie ein anderer, und doch kann ein himmelweiter Unterschied bestehen, aus welchem Bewusstseinsraum diese Aktivitäten geschehen. Ein Leben in Einklang mit der Seele ist ein hohes spirituelles Gut. Dies wird insbesondere deutlich, wenn äußere Umstände es zu verunmöglichen scheinen. *Soul loss – Seelenver-*

lust – ist eine der größten Tragödien menschlichen Seins. Gott sei Dank gibt es heute eine reiche Fülle an Möglichkeiten, dieses Geschehen durch integrative Arbeit umzukehren und aufzulösen. Sehr wirksam empfinde ich den Heilweg der nordamerikanischen Indianer, die, wenn Mitglieder ihres Stammes zum Beispiel traumatisiert aus dem Krieg zurückkehren, den ganzen Stamm zusammenrufen und mehrere Tage lang durch Gebet, Zeremonie und Ritual die Seele ihres Mitgliedes wieder in dessen Körper »hineinsingen«.

Energie ist immer vorhanden. Energie ist eine Konstante im Universum. Es geht nur um den Zugang. Um die Verbindung. Wir sind aufgefordert, damit anzufangen, in »Räumen« zu denken. Als Lebewesen besetzen wir einen bestimmten Raum. Wir definieren unsere Körpergrenzen gemeinhin durch die Hautoberfläche. Und doch besitzen wir gleichzeitig einen Zweiten Körper, der jenen Ersten Körper umfasst, durchdringt und – nach der Ansicht unterschiedlicher spiritueller Traditionen – auch generiert. Dieser Zweite Körper ist einer der Zentralschlüssel für ein erweitertes Bewusstsein. Wenn wir meditieren, sitzt der Erste Körper ganz still, in Ruhe, damit der Zweite Körper zunächst wahrgenommen und dann aufgeladen werden kann. Heilung, Manifestation, höhere Schau – sie finden statt über den Zweiten Körper. Ich habe in den vergangenen Jahren einen Großteil meiner Forschungs- und Seminararbeit dem Zweiten Körper gewidmet. Sei es in den Bereichen der Quantenheilung oder auch in der Beschäftigung mit dem, was heilig ist. Was ist die Matrix des Heiligen? Wie gelangen wir in einen Raum reinen Bewusstseins, aus dem heraus wir unmittelbar schöpfen können? Brauchen wir dazu den kühnen Geist des Wissenschaftlers? Das brennende Herz des Mystikers? Oder beides? Verschiedene Wege führen in die Energie, und doch ähneln sie sich.

Das Heilige und das Jetzt

Wenn wir von der Quelle der Energie sprechen, landen wir als Naturwissenschaftler schnell bei der Sonne, als Geisteswissenschaftler vielleicht bei der Liebe und auf den spirituellen Wegen in der Regel bei Gott, wie auch immer wir ihn/sie/es wahrnehmen. Wie verbinden wir uns nun am besten mit dem Universum um uns herum, und welche Quelle ist die jeweilig passende? Und was ist in diesem Kontext eigentlich »heilig«, denn dies beinhaltet ja auch eine übernatürliche Kraftzuordnung? Folgendes ist mir bei dieser Frage aufgefallen: »Heilig« darf in traditionellen Religionen häufig nicht »jetzt« sein. Das Heilige ist offenbar meist das Gestrige, denn die Kirchen stellen sicher, dass Heiligsprechungen verschiedener Menschen nur dann geschehen, wenn sie tatsächlich »verschieden« sind. Heilig darf nicht jetzt sein. Das wäre zu gefährlich: Man könnte eventuell feststellen, dass Heilige auch unheilige Seiten haben.

Was ist jedoch, wenn »heilig« und »jetzt« untrennbar verbunden sind? Was ist, wenn wir alle heilig wie auch unheilig sind, göttlich wie menschlich, sakral wie profan? Es geht darum, das Heilige primär als ein Bewusstsein zu sehen, als eine Präsenz, die jedem zugänglich ist. Dir, mir, allen. Ohne Vermittler. Unmittelbar. Zu jeder Zeit. Als mystische Erfahrung. Als Antwort auf ein Stoßgebet. Als wahrnehmbare Vibration im Alltag. Als freudvolles Feiern des Körpers, des Geistes und der Seele. Was ist, wenn wir die Matrix des Heiligen für den MOMENTUM-MASTERY-Prozess einladen können?

Frage dich: Was ist dir heilig?

Ich bereite meine Seminararbeit häufig auf Hawaii vor und gehe dort mit ganz einfachen Fragen an meine innere Führung in einen

Dialog. Eine Frage, die ich häufig stelle, ist: Welche neuen Bewusstseinswerkzeuge können den Menschen auf ihrem spirituellen Weg dienen und helfen? Dann bekomme ich zumeist Antworten in Form von Großen Themen. Ich höre beispielsweise in einem Jahr: »*Die Sieben Herzen der Mystik*«. In dem besonderen Moment, wo ich dies höre, habe ich überhaupt keine Ahnung, worum es geht. Doch eine Art Spürsinn in mir folgt der Fährte und gibt nicht auf, bis die Antworten sich zeigen. Und in diesem Fall handelt es sich um eine Methode, sechs individuelle Herzwege zu erproben und zu klären, welches der sechs Herzen zu diesem Zeitpunkt im Leben eines Individuums in eine direkte Erfahrung des siebten, des Göttlichen Herzens hineinführt.

Im nächsten Jahr bekomme ich auf die gleiche Frage eine völlig andere Antwort und höre: »*Das Christus-Quantum*«. Wiederum weiß ich nicht, worum es geht, und beschließe dieses Mal ein noch verwegeneres Experiment: Dann frage ich eben Jesus direkt. So wie ich ihn ganz persönlich wahrnehme. Ich gehe in eine sehr tiefe Meditation und schreibe die Antworten auf, die ich höre. Ich möchte diese Botschaft mit den Lesern teilen, da der Inhalt sich zum Teil direkt auf das Thema »Schöpfung« bezieht. Bitte betrachte dies als eine Schau, die meine Person so hört und eine andere vielleicht in einer ganz anderen Art und Weise wahrnehmen würde. Spüre einfach in dir nach, ob die Worte für dich einer Wahrheit entsprechen oder nicht.

Jesus spricht:

Willkommen, geliebter Sohn, hab Dank für dein Kommen …
So kommst du zu mir, zu fragen nach neuen Werkzeugen, den
Menschen zu dienen, und so fragst du: Was ist das Christus-
Quantum? Damit fragst du mich nach meiner Essenz. Gerne
gebe ich dir Antwort. Und so will ich mich dir offenbaren als das,

was ich bin: das Licht des Vaters ... das Licht meiner Wahrheit in dir ist ... das Quantum ... Du magst es hören und magst es glauben, nur wahr wird es erst, wenn ich es in dir entzünde. Deiner Gebete Kraft hat zugenommen, und das Gefäß ist bereit. So rufst du mich heute erneut aus der Tiefe deines Herzens. Ich bin in dir, mein Sohn, so wie der Vater in mir ist.
Ich gebe dir eine Übung, mich zu fühlen: Lass mein Herz sich mit dem deinen vermählen ... Hierfür lass dein Herz nach vorn aus dem Körper treten ... Ich stehe vielleicht drei Meter vor dir und lasse mein Herz ebenfalls nach vorn aus dem Körper treten. Lass uns gemeinsam schauen, wie unsere Herzen sich verbinden ... in diese Verbindung schickt mein Vater von oben das Licht ... den Heiligen Geist ... Fühl, wie es vibriert voller Freude ... So wird zwei zu eins ... So werd ich Mensch durch dich, so bist du Gott durch mich ... So schauen wir uns in Liebe. So nehmen wir beide je eines der Herzen zurück in die Brust. Dein Herz nun nicht mehr gehörend dir allein, sondern Gott, dein Herz tragend das Glück aller Himmel auf Erden. Mein Herz spürend den Puls der Menschheit dieser Zeiten durch dich. Wenn du aus dir herausgehst, so ist dies deine Prüfung der Offenheit und Wahrhaftigkeit, denn ich sehe dich ganz. In diese Offenheit hinein pflanze ich das leuchtende Quantum meiner. So braucht deine Seele den Mut, sich zu zeigen. So braucht dein Gefäß die Stärke, es zu tragen. So entsteht die Alchemie der Leuchtenden Herzen.
Das Christus-Quantum durchstrahlt den alchemistischen Weg zur Erleuchtung. Es ist die Essenz meines Wirkens. Die Matrix alles Heiligen. Mein Leben und Wirken wurde in der Tiefe nicht verstanden, und das Folgende sei daher mein Zeugnis:
Mein Körper wurde nicht durch eine Jungfrau geboren, und doch ist mein Geist »jungfräulich«. Durch einen alchemistischen Prozess gelang es, meine volle Seinskraft, meinen Zweiten

Körper, ganz in diese Inkarnation hineinzubringen. Das Geheimnis des Zweiten Körpers zu entschleiern, bin ich gekommen, doch es wurde nur von den wenigsten verstanden. Für mein Kommen wurde der Zweite Körper von Joseph geladen mit meiner Essenz. Er war ein Traumseher, und wir konnten durch seinen nächtlichen Kanal wirken. Die Offenheit seiner Seele machte es möglich, dass mein Wesen bei der Zeugung anwesend war, um mit vollem Bewusstsein und ganzem Geist einzutreten. Normalerweise verlieren wir Teile unseres Bewusstseins bei diesem Eintritt oder lassen höhere Teile unserer selbst wissend zurück, die uns später als Schutzengel begleiten. Das Bringen des Ganzen Geistes, des Solaren Logos an den tiefsten Punkt der Materie ist komplexer als gemeinhin angenommen. Der Zweite Körper von Maria war von einer Reinheit, die ihr als »jungfräulich« bezeichnet. Dies meint den Grad ihrer inneren Reinheit. Meine Aufgabe war es, eine der schwersten Bürden der Menschheit zu transformieren. Die Angst vor dem physischen Tod, vor dem Lösen vom Ersten Körper, hielt meine Brüder und Schwestern Tausende von Jahren fest im Griff. Ich konnte daher den Garten von Gethsemane nicht aus eigenen Gründen fliehen. Ich hätte mein Selbst und meine Aufgabe verfehlt. Sie war für alle und nicht für mich. Der Kelch des Schicksals, den ich wünschte, vorübergehen zu lassen, ist und war daher stets meiner. Das, was mir geschah, trägt eine größere Lehre als das, was ich sprach. So ist Golgatha mein eigentliches Mysterium. Die Stätte des Schädels, auf der die Menschen die Unschuld ihrer Seele opfern. Die Stätte des Schädels. Meditiert hierüber, bis ihr es gemeinsam löst. Mein Tod wurde falsch verstanden.

Ich wuchs auf in den Mysterienschulen Ägyptens, in denen ich höchste Einweihungen erfuhr. Der zentrale Schlüssel für die Alchemie des Leuchtenden Herzens ist der Zweite Körper. Wir nannten ihn Ka. Wurde mein Erster Körper auch auf Golgatha geopfert, so war mein Ka, mein Zweiter Körper, doch umso strahlender. Ich bereitete die Menschheit darauf vor, sich ihrer Zweiten Körper zu erinnern. Ich legte eine Lichtspur in das Reich des Todes. Dies ging nur durch das vollkommene Lösen vom Ersten. Nur durch mein Sterben kann meine Botschaft leben. Verstehe – es gibt ein Leben, das weiterführt: im Zweiten Körper. Wie der Zweite Körper heute benannt wird, spielt keine Rolle. Ihr bezeichnet ihn als Lichtkörper, Energiekörper, Ätherkörper, Quantenkörper, und es gibt viele weitere Bezeichnungen und weit subtilere Ausdehnungen. Das Gesetz ist: Der Zweite Körper formt den Ersten. Sie sind auf das Engste miteinander verknüpft. Bis zu meinem Sterben konnte dieses Band nicht gelöst werden. Der Zweite Körper trägt den Schlüssel zu den Mysterien der Heilung und Erleuchtung. Heilung und Einweihung finden über die Zweiten Körper statt. Warum glaubt ihr, sitzt der Erste Körper in vollkommener Ruhe während der Meditation? Gerade noch atmend? Fast tot? So ist es an der Zeit, euch den rechten Gebrauch des Zweiten Körpers zu lehren. Er durchwirkt stets den Ersten.

Wenn der Täufer sagt, er tauft euch mit Wasser, so lehrt er die Verbundenheit allen Lebens und rückverbindet euch mit dem Ganzen. Wasser ist das, was alle eint. Die Eingeweihten können das Gegenüber über das Wasser lesen. Alle Informationen sind im Wasser der Körper gespeichert und abrufbar. Wenn der Täufer euch vorbereitet und sagt: Nach ihm wird jemand kommen, der mit dem Feuer des Heiligen Geistes segnet, dann ist gemeint, dass ich rückerinnere an die Zweiten Körper. Dies ist ein tieferer Grad der Einweihung, der über die Wasserweihen hinausgeht. Die Zweiten Körper werden gefüllt durch den Heiligen Geist, aufgeladen im Gebet, kultiviert durch Meditation. In der Alchemie der Leuchtenden Herzen ist das Christus-Quantum der Schlüssel zum Zweiten Körper und umgekehrt.

Wer dieses ganz verstanden hat, ist bereit, sich rückzuerinnern. Stammend aus einem Feld von reinstem Licht und höchster Liebe, waren wir bereit für diesen Planeten. Jeder Einzelne ist freiwillig hier. Das, was ihr Karma nennt, bindet nur in der relativen Welt der Schwerkraft. Jeder, der hier ist, ist ein Gewinner. Ihr gewannt einen Körper. Ihr bekamt Existenz. Dieses Mysterium ist tiefer, als ihr es zu diesem Zeitpunkt wahrnehmen könnt. Eure Existenz ist eine Kette von Energieaufspaltungen. Nach jeder Aufspaltung ist das Eine weniger stark spürbar. Und doch könnt ihr wie in einer Art umgekehrter Homöopathie den kleinsten Teil des Einen noch am tiefsten Punkt der Materie spüren. Auch in diesem kleinsten Teil ist das Eine, mein Vater, enthalten – ich nenne es das Christus-Quantum, die vollkommene Anwesenheit meines Vaters selbst im kleinsten Teil. So könnt ihr ihn hierüber ganz erfahren, wenn ihr das Quantum meiner in euch ganz wahrnehmt.

Experiment 2

Führe unabhängig davon, welcher Religion du angehörst oder ob du überhaupt einer angehörst, die oben beschriebene Übung durch:

Das Treffen des menschlichen und des göttlichen Herzens.

Der Zweite Körper – Raumbewusstsein

Wenn wir das MOMENTUM MASTERY erlernen wollen, ist es essenziell, dass wir uns den Zweiten Körpern zuwenden, im Sinne einer Energiequelle, zu der wir ständigen Zugang haben. Menschen versuchen in der Regel, aus dem Außen Energie zu bekommen, in

Form von Nahrung, Aufmerksamkeit, Zuwendung, Geld, Güter etc. Die wenigsten Menschen haben auf ihren Lebenswegen gelernt, sich nach *innen* zu wenden und diese Innenwendung nicht als Abkehr von der äußeren Welt zu begreifen, sondern als ein Sammeln von zeitlosen Ressourcen, als ein Rückverbinden mit kosmischen Energiequellen, als ein Rekalibrieren der im Alltag verloren gegangenen Frequenzen der Seele. Das Geheimnis der Zweiten Körper ist letztendlich nicht durch Lektüre erklärbar, sondern nur durch Meditation erlebbar.

Was passiert, ist ein Ebenenwechsel: Der Erste Körper ist genauso vorhanden wie vorher, doch die Wahrnehmung geht darüber hinaus. Du bist plötzlich in gefühltem Kontakt mit dem Raum, der diesen Ersten Körper umgibt, ihn gleichzeitig durchdringt und in jedem Moment neu erschafft. Die Wahrnehmung dieses Raumes, den wir unbedingt für das MOMENTUM brauchen, ist erlernbar und durch tägliche Meditation zu vertiefen. Wir kommen in diesem Raum der Möglichkeiten, aus dem heraus sich das Leben formt, in unsere Schöpferkraft. Der bewusste Einfluss auf unseren eigenen Körper, auf das eigene Sein an sich erhöht sich exponentiell. Das subjektive Empfinden ist ein schwereloses, doch nicht in einem enthobenen Sinne, vielmehr vergrößert sich durch diese zeitlose Erfahrung gleichzeitig die Liebe für das eigene Sein in Zeit und Raum. Eine neue Freiheit wird spürbar, eine Offenheit, das Unbekannte zu erfahren und das Neue wirklich kennenlernen zu wollen. In diesem Raum der Möglichkeiten ist, wie der Name schon sagt, alles offen, es ist alles noch Potenzial, eine Möglichkeit. Viele Quantenheiler suchen diesen Raum zu erfahren, um aus ihm heraus arbeiten zu können, denn sie beschäftigen sich auf ihrem Heilweg mit der Erschaffung alternativer Möglichkeiten, in denen die jeweilige Krankheit nicht existent ist. Dazu brauchen sie diesen Raum, so wie wir ihn für das MOMENTUM MASTERY benötigen. Der Schlüssel liegt im Herzen.

Die goldene Regel: das Herz zuerst

Die hohe Kunst, die wir erlernen wollen, besteht einerseits darin, so präsent und ruhig zu werden, dass wir das Herz beobachten können. Was wünscht das Herz? Was ist die tiefste Sehnsucht des Herzens? Welcher Gedanke, welches Bild formt sich in diesem Raum zu einem Sein? Wenn wir diesen Gedanken oder dieses Bild wahrgenommen haben, dann können wir ihn oder es auch schöpfen. Wir sind ganz Gegenwart. Die Zukunft existiert in uns als eine Möglichkeit. Was wir jetzt brauchen, ist das vollkommene Vertrauen zu schauen, wie diese Geistesfrucht sich setzt als eine Wirklichkeit, als unsere Wirklichkeit.

Siehst du dich heil in diesem Raum, so bist du heil.
Siehst du dich ganz, so bist du ganz.
Du bist so eins mit deiner Schau,
dass sie sich nur so formen kann,
dass dein Körper nur so schwingen kann,
dass deine Wirklichkeit sich nur so entfalten kann ...

Durch dieses Vorgehen überschreibt das Herz unserer Vision die alten Strukturen unseres Gehirns wie eine neue Software, die auf eine Festplatte heruntergeladen wird, und plötzlich sind neue Verknüpfungen da. Neue Gene werden angeschaltet. Unser Erster Körper geht in Resonanz mit dem, was wir durch den Zweiten Körper geschaut haben. Und exakt diese *eine* Schau wird zur Wirklichkeit.

In naturwissenschaftlichen Experimenten nennt man dies den *Beobachtereffekt* und versucht ihn auszuschalten. Als der britische Physiker Thomas Young in dem allseits bekannten Doppelspalt-Experiment die Struktur von Licht untersuchte, in dem er es durch zwei Spalte schickte und anhand einer Folie maß, ob das

Licht jeweils als Welle oder Teilchen die Spalte passiert hat, stellte man fest, dass in den Momenten, in denen die Forscher anwesend waren und glaubten, es würde ein Partikel sein, sich das Licht auch so verhalten hat. In Abwesenheit der Forscher hat es sich hindurch*gewellt*. Der einzig zulässige Schluss der Forscher damals war: Das Denken des Beobachters hat unmittelbaren Einfluss auf die Struktur von Licht – der sogenannte *Beobachtereffekt*.

In den Naturwissenschaften hat man daraufhin mit Blindversuchen und Doppelblindversuchen, bei denen der durchführende Leiter eines Experiments *nicht* darüber informiert ist (blind), was eigentlich geprüft wird, diesen Effekt auszuschalten versucht, um möglichst neutrale Forschungsergebnisse zu bekommen. Wir wollen diesen Effekt natürlich nicht ausschalten, sondern ihn uns zunutze machen und weiter untersuchen, was es braucht, einen Gedanken wirklich werden zu lassen. Wenn durch Beobachtung und Erwartung die Struktur von Licht beeinflussbar ist, wie können wir diesen Effekt dann im positiven Sinne nutzen für unsere Manifestation? Gehen wir noch einmal zurück in den Raum der Möglichkeiten: Sobald wir durch die Meditation höher schwingen, geht der Körper in Resonanz und kann beginnen, neue Gehirnareale zu aktivieren. Das heißt, die Schau in diesem Raum, die Schau im Zweiten Körper, beinhaltet einen der zentralen Schlüssel zur Manifestation. Da wir nicht den ganzen Tag in Meditation sein können, werden wir im Verlauf dieses Buches noch speziell auf die Kultivierung von Haltungen eingehen, die es uns ermöglichen, so klar zu sein, dass wir im Alltag nicht unbewusst der zu manifestierenden Vision entgegenwirken. Einer der ersten wichtigsten Schritte, die Manifestationstechnik zu meistern, ist daher, zu identifizieren, was dieser Manifestation in uns selbst im Weg steht.

Was trennt uns von der Quelle? Die Prüfung der Sichtbarkeit

Wie sehr wir Inspiration und Meditation auch in uns nähren, solange wir nicht wissen, was genau verhindert, diese inhärenten Kräfte vollständig zu nutzen, werden wir keinen Durchbruch erleben. Es existieren unbewusste Unterprogramme. Die Seele kommt wie selbstverständlich in die Welt, wenn wir bereit sind, uns ganz zu zeigen. Wir müssen daher in jedem Fall den Mut haben, transparent und offen zu sein, wie immer unsere alten Muster beschaffen sind. Die Kräfte der Seele können nicht in die Welt kommen oder von der Welt entsprechend wahrgenommen werden, wenn wir denken: Ich muss mich verstecken, ich fühle mich nicht sicher, ich könnte verletzt werden, ich bin allein, ich bin verloren, ich bin nicht genug, ich werde verurteilt ... Die Liste ist endlos. Obwohl unser Verstand und unser Herz die Vision herbeisehnen, wird der Manifestationsprozess behindert, solange eines dieser Unterprogramme läuft.

Experiment 3

Stell dir einmal vor, du wärest das einzig mögliche Portal, durch das die Quelle der Energie in die Welt käme, und dann beantworte dir folgende Frage: Wie kann die Quelle sich durch dich vernetzen?

Und was passiert, wenn du dich nicht zeigst? Wie könnte das Muster des Sich-unsichtbar-Machens gelöst werden? Was ist, wenn dein Körper eine zentrale Unsicherheit trägt und plötzlich hundert, tausend oder zehntausend Menschen auf dich schauen, um etwas von deiner Seele zu erfahren? Du möchtest das höhere Wissen deiner Seele teilen, Menschen heilen, eine Erfindung vorstellen, eine Gabe in die Welt bringen – und genau in diesem Moment übernimmt das Unterprogramm! Was bedeutet das für dich? Die Herausforderung ist: Wir schöpfen in jedem Moment. Und nicht unbedingt immer aus den Bewusstseinsräumen, die den höheren Aspekten unserer Seelen entsprechen.

Wenn William Shakespeare seinen Helden Macbeth drei Hexen treffen lässt, die ihm als Zukunft seine Herrschaft als König voraussagen, so sind danach entweder sein Herz oder sein Ego gefragt, diese Vision wirklich werden zu lassen. Das Ego siegt in dem Stück, da Macbeth den König im Schlaf ermordet, um sich selbst zum König zu machen. Sein Herz hätte Geduld bewiesen und den Gedanken an eine kommende Regentschaft in aller Seelenruhe kultiviert. Durch seinen Frevel jedoch spielt die Natur verrückt. Er hat gegen die Grundgesetze des Lebens verstoßen und eine Unglückslawine in Gang gesetzt. Insbesondere hat er die Gesetze der Zeit nicht beachtet. Sehen wir dieses Stück aus einer symbolischen Perspektive, so hat Macbeth den königlichen Aspekt in sich, der seine Gastfreundschaft genoss, ermordet. Der König steht für das Herz. Was Macbeth gemordet hat, ist das Herz dieser Welt.

Wie oft morden wir das eigene Herz, indem wir es nicht wahrnehmen, ihm nicht folgen oder ihm nicht die Zeit geben?

Ich wähle absichtlich dieses drastische Bild, um deutlich zu machen, wie essenziell der Bewusstseinsraum ist, aus dem heraus wir zu manifestieren gedenken. Ist es der Raum des Leuchtenden Herzens oder der des manipulativen Ego? Wir brauchen den bewussten Bruch mit unseren überkommenen Mustern. Die MOMENTUM-MASTERY-Kämpfer benötigen den Sieg über die Inneren Trägheitsteufel. Die Erfahrung des MOMENTUMS markiert den gelebten und gefühlten Durchbruch.

Wie wichtig dies ist, mag das folgende Beispiel illustrieren: Eine Frau lernt in einem der Jahrestrainings die Methode des Quantenheilens kennen und erprobt diese frohen Mutes an sich selbst in ihrem Zuhause. Ihr Projekt ist, ob es gelingen mag, eine ungewöhnlich hohe Dioptrienzahl, die das Sehen in der Ferne oder das Lesen von Büchern seit 25 Jahren nur mit starken Brillen zulässt, rückgängig zu machen. Gedankenversunken und im Herzen zentriert, praktiziert sie stundenlang zu diesem Thema die Zwei-Punkt-Methode aus der Quantenheilung. Plötzlich erlebt sie den Durchbruch, und ihre neurochemischen Portale gehen in den Heilungsmodus. Sie nimmt ihre Brille ab und sieht alles total klar. Sie kann ihre Bücher ohne jedes Problem lesen. Sie fängt an, ihre Wohnung aufzuräumen und zu putzen, da sie jetzt alles ganz genau sieht! Und am allerwichtigsten: Sie ist in diesem Zustand über alle Maßen glücklich … *Durchbruch zur Quelle!* Dieses erhöhte Bewusstsein hält ungefähr drei Tage an, bis sie einen einzigen, folgenschweren Gedanken hat: »Was wird meine Familie denken, wenn ich ihr davon erzähle?« Ihre Angst, die hinter diesem Gedanken steckt, ist, von der Familie als Verrückte und Spinnerin nicht mehr ernst genommen und ausgestoßen zu werden. Im gleichen Moment, in dem sie diesen Gedanken denkt, kontrahiert etwas in ihr, sie fällt zurück in ihr altes Bewusstsein und kann nicht mehr sehen. Sie braucht seitdem wieder ihre Brille. *Rückfall in die Gewohnheit!*

Natürlich ist es nicht so, dass jede Familie ihre Mitglieder davon abhielte, heil zu werden und zu wachsen. Es gibt genügend Beispiele, in denen Individuen sich gegenseitig fördern und inspirieren, doch in ihrem Falle hat sich das Tabu, genau hinzusehen, körperlich manifestiert. Bricht sie dieses Tabu ganz auf, was ihr drei Tage während ihres Alleinseins gelang, so hätte es gleichzeitig eine aufrüttelnde Wirkung auf ihr Familiensystem, in dem die anderen Mitglieder ebenfalls nicht bereit sind, genau hinzusehen. Sie solidarisiert sich daher lieber wie so viele andere im Leid. Sie verzichtet – aus unbewusster Liebe zu einem System, aus dem sie nicht ausgestoßen sein möchte – auf ihre Gesundheit und eine klare Sicht.

Im MOMENTUM MASTERY wollen wir uns der Schöpfung grenzenloser Möglichkeiten bewusst werden wie hier im Feld der Heilung und gleichzeitig einen neutralen Blick auf die Fallstricke werfen, die unsere Visionen, Schöpfungen, Heilungen und Projekte gefährden können. Selbstverantwortung im höchsten Sinne wird eine Richtschnur sein, an der wir ermessen, wie frei die eigene Wahrnehmung tatsächlich ist. Übernehmen wir wirklich die volle Verantwortung für alles, was in unserem Leben geschieht? Wenn ja, dann steht dem Durchstarten in ein neues Schicksal nichts mehr im Wege.

3
Das Momentum aktivieren – bist du bereit?

Bewusstsein gibt den Startimpuls,
den Gotteshauch für alles Leben,
so sei geladen zum Experiment,
dir selbst MOMENTUM-*Kraft zu geben.*

Nimm dein Leben in die Hand

Fassen wir kurz die ersten vier Schritte des MOMENTUM MASTERY zusammen:

1. *Finde deinen Traum*
2. *Folge deinem Ruf*
3. *Bilde dein Gefäß*
4. *Fülle es mit Energie*

Durch diese vier essenziellen Schritte nehmen wir unser Leben in die Hand. Wir nehmen unser Geburtsrecht wahr, etwas in die Welt hineinzubringen, das größer ist als unser jetziges Leben. Etwas, das mit Seele gefüllt ist, das ein Herz hat. Wir begeben uns auf einen hochwirksamen spirituellen Pfad. Wir wenden uns nach innen und geben dieser Realität einen größeren Wert als zuvor. Selbstverständlich nicht, um das Außen zu vernachlässigen, sondern um es kraftvoll zu beeinflussen. Unsere Seele bekommt dadurch die Möglichkeit, die Persönlichkeit vielfach und deutlicher zu erreichen. Ob in der Meditation, in nächtlichen Träumen oder in einem direkten Dialog mit unserem höheren Selbst oder auch einem geistigen Wesen, wie wir gesehen haben. Mit dieser Vorgehensweise legen wir das Fundament für eine starke Verankerung der eigenen Vision in unserer dreidimensionalen Wirklichkeit. Ebenso beginnen wir ein Bewusstsein für andere Ebenen des Seins zu entwickeln, die hier als »Bewusstseinsräume« bezeichnet werden, wie der Raum der Möglichkeiten und der Zweite Körper. Gleichzeitig schärfen wir den Blick für Unterprogramme, die uns abhalten können. Da sie vorhanden sind, kommen wir nicht um sie herum. Wir werden uns genau ansehen, wie wir diese wandeln können. Wir bereiten uns vor auf die Realisierung unseres MOMENTUMS. Wir kennen den Traum, wir folgen seinem Ruf und bilden das Gefäß, sodass es kraftvolle Energien halten kann. Wir gehen dabei in Verbindung mit der Quelle aller Energie, um es füllen zu lassen. Und jetzt? Wer setzt das MOMENTUM in Bewegung? Wie bekommt der Traum seinen höchsten Schwung? Was lässt ihn Wirklichkeit werden?

Triff die wichtigste Entscheidung deines Lebens!

Du musst dich entscheiden! Es geht um dein Leben und dein Glück. Bist du bereit, für deinen Traum zu gehen, zu stehen, zu handeln? Bist du bereit, tausendfach im Sinne deiner Vision zu entscheiden? Bist du bereit, wie Christoph Kolumbus Amerika zu entdecken, nicht wissend, ob du jemals dort ankommen wirst? Bist du bereit, dich selbst herauszufordern und dich nicht zufriedenzugeben mit allem, was diesem Traum nicht gerecht wird? Bist du bereit, über deine Ängste hinauszugehen? Triff die Entscheidung! Bist du bereit, dich ganz zu zeigen? Bist du bereit, dich ganz zu öffnen? Bist du bereit, dich ganz hinzugeben? Triff die Entscheidung! Diese Bewegung braucht dein ganzes Herz. Es geht darum, die zentrale Vision aus einem latenten Ideenkosmos, in dem sie mit tausend anderen Ideen konkurriert, in die Wirklichkeit zu bringen!

Viele spirituelle Wege der Vergangenheit betonen Weltflucht, Entsagung, Ablehnung der Körperlichkeit, des Weiblichen. Geist/Spirit und Körper/Materie werden als extrem polar wahrgenommen und spiegeln sich entsprechend in den jeweiligen Kulturen und Biografien. Die Impulse der Gegenwart drängen jedoch nach Integration. Es geht nicht mehr um den Mystiker in der Abgeschiedenheit seiner Einsiedelei und den weltlichen, in der Materie verhafteten Kaufmann, es geht um die Vereinigung der Gegensätze in uns, um das Aushalten von Spannungen und das Umfassen der Polaritäten. Die Welt, in der wir leben, ist auf ewig polar aufgestellt und gleichzeitig einheitlich. Und so sind auch Materie und Geist auf ewig miteinander verwoben. Die Menschheit wird sich heute gewahr, dass es ein Feldbewusstsein mit unendlichen Möglichkeiten gibt.

Um das MOMENTUM des Herzens in dieser Welt wirksam werden zu lassen, braucht es den Sinn für das Andersartige, das Faible für das Ungewöhnliche. Es braucht die mentale Weite im Angesicht aller nur möglichen Hindernisse, die uns so lange davon abhalten, die innere Realität essenziell und bedeutsam zu sehen, bis schließlich die Umwelt darauf resoniert. Dies ist keine Weltflucht, sondern eine die Welt umarmende, auf sie zugehende, alle Existenz bejahende Bewegung. Es ist kein Getrieben-Sein des Ego, sondern das ursprüngliche Wollen der Seele. Der Ausübung des freien Willens wird in unserer Gesellschaft und in den modernen spirituellen Wegen sehr große Bedeutung zugemessen. So groß, dass selbst nach dem Tod der letzte Wille noch stellvertretend für das jeweilige Individuum ausgeführt wird. Ich bin mir sicher, dass es, wenn es einen letzten Willen gibt, auch einen ersten Willen gibt. Hast du dir diese Frage einmal gestellt: Was ist dein erster Wille? Was willst du hier eigentlich? Auf dieser Erde? In diesem Körper?

Experiment 4

Die Technik der wiederholten Frage
Suche dir ein Gegenüber und lass dir sieben Minuten lang die folgende Frage immer wieder neu stellen. Dies ist ein rituelles Fragen, das heißt: Dein Gegenüber darf die Antworten nicht kommentieren, weder verbal noch mimisch oder gestisch. Er oder sie hält einen präsenten neutralen Raum, in den hinein die Antworten gegeben werden. Und am besten in der direkten Anrede. Die Frage lautet:

»*Was ist dein erster Wille?*«

Der Beginn und das Ende des Lebens sind zwei ausgezeichnete Zeitpunkte, an die wir mit unserem Bewusstsein reisen können, um zentrale Lebensentscheidungen zu treffen. Die Normalität ist: *Den Beginn haben wir vergessen, und vom Ende wollen wir nichts wissen.* Nun gut, beides recht unbewusst, oder? Nachdem du die erste Übung durchgeführt hast, machst du eine weitere Übung. Gehe jetzt an das Ende deines Lebens und darüber hinaus. *Schreibe deinen eigenen Nachruf!* Nimm dir die Zeit! Du wirst es nicht bereuen. Schreibe ihn aus der Perspektive, dass du auf dein jetziges und zukünftiges Lebenswerk zurückschaust. Alfred Nobel, der Stifter des Nobelpreises, ist einer der wenigen Menschen auf dieser Welt, der das zweifelhafte Vergnügen hatte, durch eine Verwechslung seinen eigenen Nachruf zu lesen. In den verschiedenen Gazetten wurde sein Leben sehr ambivalent gewürdigt, da man ihm als Erfinder des Dynamits eine Verantwortung für den Tod vieler Menschen zusprach. Nobel war zutiefst bestürzt und beschloss, dass er auf keinen Fall der Nachwelt so in Erinnerung bleiben wollte. Er entschied daraufhin, den Nobelpreis zu gründen. Wir können sagen: Diese Entscheidung hat bis heute große Verwirklichungskraft.

Experiment 5

Schreibe deinen eigenen Nachruf!

Nimm dir eine bis zwei Stunden dafür Zeit und schreibe aus dem Herzen.

Geistiges Dynamit – der Quantenraum

Deine Entscheidung ist der Zündfunke für viele Feuer. Einige brennen in dir selbst, andere in anderen. Deine Vision muss aus deinem Herzen flammen. Sie muss gleichsam mit jedem Herzschlag in die Welt hineingeatmet werden, als Vision, als ein Bild, das den höchsten Ausdruck von dir trägt. Dieses höchste Bild muss seinen Weg durch alle Unterprogramme hindurchfinden. Wir sollten nicht warten, bis eine Katastrophe oder Tragödie uns dazu zwingt, den Wandel herbeizuführen, den wir ersehnen. Wir wählen und entscheiden: hier und jetzt! Die Kraft zu entscheiden ist geistiges Dynamit. Entscheide lieber hundertmal mehr als einmal zu wenig! Wir sollten der Tatsache ins Auge sehen, dass unser Bewusstsein und unsere Entscheidungen einen unmittelbaren Einfluss auf die Wirklichkeit haben. Stell dein altes Weltbild bewusst infrage! Kümmere dich nicht mehr darum! Kultiviere den unerschrockenen Geist eines Bewusstseinsforschers, der offen ist für Überraschungen, Synchronizitäten, Fügungen.

Was ist, wenn nur die Welt der großen Dinge und Objekte fixiert zu sein scheint und auf der atomaren oder subatomaren Ebene andere Gesetze gelten und nichts mehr fixiert ist? Dort, wo es um die Bausteine des Lebens geht? Dort, wo ein Elektron als eine Welle von Möglichkeiten erscheint, sich plötzlich zu einem Partikel verdichtet, nur um kurz darauf wieder zu verschwinden? Wir können diesen Räumen in unseren Meditationen sehr nahekommen und auf den Wechselrhythmus zwischen Geist und Materie erheblichen Einfluss nehmen.

Wenn wir also mit unserem Bewusstsein auf ein Elektron Einfluss nehmen können, was die Forschung bestätigt, dann können wir mit dem entsprechenden Fokus und einer emotionalen Ladung jeden nur denkbaren Zustand erzeugen. Wir organisieren unsere

Gedanken, Gefühle und Gebete um unseren gewünschten Zustand herum, der dadurch eine erhöhte Realitätswahrscheinlichkeit bekommt. In Bewusstseinszustand A sind eine bestimmte Krankheit und eine Realität existent, in Bewusstseinszustand B sind sie nicht existent. Das Bewusstsein kreiert den Zustand. Wie kommen wir jetzt von A nach B? Nicht jeder schafft es, sich in B zu verankern. Die Gründe dafür sind vielfältig, doch nach so vielen Berichten von Forschungen, in denen diese Bewegung geklappt hat, können wir sagen: Es ist menschenmöglich! Wir müssen keine Quantenheiler oder -physiker sein, um uns diese Techniken segensreich zunutze zu machen. Mach dir Folgendes unumstößlich klar:

*Dein Bewusstsein hat die energetische Kraft,
deine Realität zu formen.*

In einem Quantenraum existieren Vergangenheit, Gegenwart und Zukunft gleichzeitig und sind daher unmittelbar beeinflussbar. Wenn unser Denken eins mit dem Körper wird, haben wir den direktesten Einfluss erlangt. Daher können wir den Körper auf keinen Fall umgehen, sondern es geht im Gegenteil darum, ihn ganz anzunehmen. Die Aufhebung dieser bizarren Trennung ist essenziell für das weitere Fortschreiten. Für dieses Unterfangen sei ein weiterer Traum aus der MOMENTUM-MASTERY-Arbeit vorgestellt. Diesmal selbst geträumt.

Körperbewusstsein – mittendrin statt nur dabei

Go, Gorilla, go ...

Ich befinde mich in einem großen, sehr weitläufigen Kongresszentrum. Vor mir sehe ich, wie man einen Gorilla, einen Silberrücken, aus einem kleinen Gehege in einen größeren, freieren Bereich auf diesem Kongressgelände bringen will.

Es geht darum, dass er mehr Auslauf bekommt und sich dort freier bewegen kann. In dem Moment, in dem er den Bereich betritt, begreift er, dass ihm diese Art Freiheit niemals reichen wird, und er weiß auch, dass dies der einzige Moment sein wird, den er zur Flucht nutzen kann. Jetzt bin ich plötzlich der Gorilla. In genau diesem besonderen Moment! Ich erkenne, dass mir eine solche »Freiheit« niemals reichen würde, packe einen Menschen, schleudere ihn um mich herum und täusche an, als wollte ich mit seinem Körper drei andere Leute aus dem Weg räumen. Alles springt zur Seite, ich setze den Mann ab und türme über einen Zaun in die wirkliche Freiheit.

So weit die komprimierte Handlung in aller Kürze, doch das Berührende und Entscheidende an diesem Traum ist die Präsenz, welche ich in dem Körperbewusstsein des Gorillas erfahre! Jede der Bewegungen als dieser Gorilla ist in sich vollkommen und ausbalanciert. Zwischen der unmittelbaren Wahrnehmung der größeren Freiheitsmöglichkeit und der Ausführung gibt es keine Zeit.

Es ist ein Wahrnehmen und eine Bewegung zugleich.

Ebenso die gebluffte Drohgebärde, einen Mann zu packen und herumzuschleudern, um Raum zu gewinnen und ihn danach friedfertig abzusetzen, ist im Gorillakörper eine aus den Instinkten kommende, weise Handlung mit extremer Effektivität und Vorausschau – in sich vollkommen durchgeführt. Gleichzeitig besitzt der Gorilla ein von unbändiger Lebensenergie durchflutetes Körpergefühl mit enormer Kraft. Eins mit sich und eins mit der Bewegung in die Freiheit.

Eine weitere Beobachtung ist an dieser Stelle von Bedeutung: Wie in dem vorher genannten Traum mit den MOMENTUM-MASTERY-FIGHTERS sieht der Träumer zunächst ein Geschehen von außen, schaut auf eine Szene und ist dann plötzlich mittendrin. Erst in diesem Mittendrin wird die Energie beziehungsweise das MOMENTUM erfahrbar! Das beste Buch, das tollste Seminar, die intensivste Übung nützen nichts, wenn wir nicht an irgendeinem Punkt aus der Beobachtung heraus und hinein in unmittelbares Handeln springen. Nur so setzt unser Körper sein MOMENTUM frei. Es braucht diesen Sprung!

Ich bin versucht, in diesem Zusammenhang von der »Entscheidung« des Gorillas für seine Freiheit zu sprechen – schon wieder die Substantivierung einer Tätigkeit, das »Entscheiden« trifft es besser –, doch es ist viel mehr: In diesem Traum ist die Wahrnehmung der Zeit wie verlangsamt und die Bewegung – bestehend aus Tempo, Rhythmus, Balance, Krafteinsatz und Timing – in sich vollkommen. Wenn ich könnte, würde ich jetzt jeden Tag den Affen machen, um dieses einzigartige Körperbewusstsein abzurufen. Zumindest verschafft mir der Traum einen Geschmack in Form einer direkten Erfahrung: Mein Körper weiß jetzt, wie es sich anfühlt, ein Gorilla zu sein. Das *Mittendrin* lässt sich auch mit einem anderen Wort umschreiben:

Der Raum der existenziellen Berührtheit

In dem Moment, in dem wir eine noch tiefere Ebene der Existenz in uns touchieren, berühren, wahrnehmen, uns in diesem Raum aufhalten, geschieht das Einflussnehmen. Der Gedanke und das feurige Gefühl sind nicht mehr getrennt und verändern den Körper unmittelbar. Wie oft wünschen wir uns etwas, und es tritt nicht ein? Aus ebendiesem Grund: Obwohl wir meinen, dass Gedanke und Gefühl eins seien, sind sie es noch lange nicht. Es braucht den Raum der existenziellen Berührtheit, in dem diese Einheit zum Tragen kommt. Ich möchte dies anhand eindrücklicher Beispiele aus dem weiten Feld der Heilung erläutern.

Nimm Einfluss auf dein Leben

Dort, wo Geist und Materie sich treffen, pulsiert das Geheimnis der Schöpfung. An dieser Schnittstelle forschen Naturwissenschaftler, Philosophen, Yogis, Schamanen und Weise seit Jahrhunderten. Wie können wir segensreich mit dem eigenen Bewusstsein auf unsere Körper Einfluss nehmen? Was braucht es dazu? Reicht die einfache Affirmation aus, oder müssen wir darüber hinausgehen? Und wenn ja, wie?

Vielleicht kennst du aufgrund deiner spirituellen Arbeit Fälle, die diese Prinzipien einleuchtend demonstrieren. Ein sehr einfaches Beispiel ist die Vorstellung, wie wir eine Zitrone im Mund zerkauen. Stell dir das bitte einmal genau vor: Du zerkaust eine Zitrone, langsam und genüsslich. Was macht dein Körper in diesem Moment? Er produziert erhöhten Speichelfluss! Allein die Vorstellung der Zitrone reicht aus, um diese Körperreaktion hervorzurufen. Die Information führt zu einer Bewegung.

Dieses simple Beispiel lässt sich in unendlich komplexeren Variationen zeigen und stellt eine der Grundlagen geistiger Heilung dar. Eine Idee, ein geistiger Inhalt, nimmt direkten Einfluss auf den Körper. Diese Idee kann von einem selbst stammen oder von jemand anderem. Es spielt für den Heilprozess, der dann in dir abläuft, keine Rolle. Der spirituelle Heiler mag im gleichen Raum, 50 Kilometer oder gar zwei Kontinente entfernt sein. Der geistige Inhalt wird wie eine Art *holografische E-Mail* in den kosmischen Bewusstseinsozean gegeben, findet den empfänglichen Empfänger, und in dessen Körper beginnt wie durch ein Wunder der Heilprozess.

Die gegebene Information setzt diesen Prozess in Gang. Wir befinden uns im Zeitalter der Informationsmedizin. Wir *informieren* die Form, unseren Körper, mit der Botschaft. Der vielfach untersuchte und dokumentierte Placeboeffekt zeigt dies eindrücklich: Ein Arzt gibt einem Patienten mit vertrauensvoller Stimme ein sogenanntes Placebo-Medikament – eine simple gefärbte Zuckerpille ohne jede medizinische Substanz. Er sagt dem Patienten dazu etwas wie: »Und das ist das neueste und erfolgreichste Krebsmedikament, welches wir in den letzten drei Jahren hier angewendet haben. 95 Prozent unserer Patienten erfahren eine komplette Tumorremission innerhalb von drei Wochen.« Das Erstaunliche ist: Obwohl die Pille keinerlei Wirkstoff enthält, setzt bei diversen Patienten unmittelbar die komplette Heilwirkung ein. Menschen werden in diesem Beispiel heil durch eine *bewusste Fehlinformation im Sinne ihrer Gesundheit*. Ein sympathischer Landarzt mit den entsprechenden beruhigenden Worten bewirkt daher häufig schon die Hälfte der Heilung.

Wichtig dabei ist: Der Heiler und Informationsgeber muss klar und im Vertrauen sein. Ein Vielleicht reicht hier nicht aus, das heißt, das heilende Wort oder Gebet sowie der geistige Inhalt müssen im vollsten Vertrauen auf eine vollkommene Heilung angenommen werden. Nur dann kann sie auch stattfinden. Der Patient borgt sich quasi etwas von dem Vertrauen des Heilers. Das gleiche Prinzip gilt für den umgekehrten Fall des Nocebo. In diesem Fall wird eine negative Information gegeben, die als *self-fulfilling prophecy* wirkt. Ein Arzt verwechselt zwei Briefe und schickt einem kerngesunden Mann die Mitteilung, dass er aufgrund seines Befundes noch zwei bis drei Monate zu leben hat. Der gesunde junge Mann stirbt in dieser Zeit aufgrund der gegebenen Information. Dem alten Mann, der aufgrund seines Befundes sterben müsste, schickt der Arzt die Botschaft, dass alles okay sein wird, und diese Information lässt ihn gesunden. Sie schenkt ihm noch ein paar wundervolle Jahre.

Die Kraft des Bewusstseins ist ein faszinierendes Phänomen. Ein Stamm in Westafrika verehrt als höchstes Heiligtum und lebensspendende Kraftquelle einen heiligen Stab. Gelingt es einem anderen Stamm, diesen Stab zu bekommen und zu zerbrechen, sterben alle Stammesmitglieder innerhalb von 24 Stunden, da sie ihr Bewusstsein mit der Unversehrtheit und »Heiligkeit« des Stabes verknüpft haben.

Lass uns einen kleinen Parforceritt durch weitere Beispiele unternehmen: In einem Forschungslabor in Los Angeles werden in einer Versuchsreihe einem Spender Zellen entnommen und in eine Nährlösung gegeben. Die Nährlösung kommt in ein Labor nach Phönix. Sowohl der Spender als auch die Zellen in der Nährlösung werden an umfangreiche Messgeräte angeschlossen. Jetzt setzt man den Spender unterschiedlichen Reizen aus. Es ist ein einfacher Versuchsaufbau: Der Spender sitzt vor einem Bildschirm, und man spielt ihm Filmszenen vor. Seine jeweilige Reaktion wird auf Zellebene gemessen. Er sieht eine Horrorszene – Angst wird ausgelöst. Eine Liebesszene – Entspannung. Comedy – lautes Lachen. Eine Erotikszene – leichte Erregung.

Alle diese Reaktionen lassen sich in ihrer Unterschiedlichkeit messen. Das erstaunliche Ergebnis: Die Zellen in der Nährlösung in Phönix reagieren auf Millisekunden genau gleich, obwohl es keine einzige physische Verbindung zum Spender gibt. In 580 Kilometer Entfernung! Wie kann das sein? Was anderes außer Bewusstsein verbindet sie?

Ein äußerer Reiz wie eine Filmszene reicht aus, um die Zellen zu beeinflussen. Wenn eine Filmszene oder ein Placebo diese Kraft besitzen, dann können deine eigenen Gedanken das auch! Du bist in der Lage, mit deinem Bewusstsein einen extremen Einfluss auf deinen Körper zu nehmen. Dieses innere Wissen und Vertrauen sind essenziell, um eine Selbstheilung durchführen zu können.

Nehmen wir einen weiteren, ähnlichen Versuchsaufbau: Ein Proband wird verkabelt, das heißt, er wird an Messgeräte angeschlossen. Ziel des Aufbaus: Man möchte herausfinden, wie unterschiedlich Herz und Gehirn auf äußere Reize reagieren und ob es so etwas wie eine Herzintelligenz gibt. Ein Computer spielt diesmal per Zufallsgenerator Bilder auf einen Bildschirm. Diese Bilder erzeugen entweder unmittelbar Angst, wie zum Beispiel eine Schlange, die direkt auf einen zuschießt. Oder die Bilder entspannen total, wie beispielsweise eine Lotusblüte auf einem ruhigen See. Beide Reaktionen werden in ihrer Unterschiedlichkeit auf Hirn- und Herzebene gemessen. Keiner weiß, wann welches Bild kommt. Keiner? Doch, das Herz! Das faszinierende Ergebnis dieser Reihe ist, dass das Herz es weiß! Das Herz reagiert adäquat, noch bevor das Bild auf dem Bildschirm erscheint, das heißt mit Zusammenziehen oder Entspannung. Wie kann es das wissen? Wie kann es vorher erkennen, wie es reagieren muss? Wir bewegen uns von den wissenschaftlichen Aspekten hinein in uralte Mysterien. Selbst dieses kleine Beispiel macht deutlich, warum die Meister, Adepten und Weisen der verschiedensten spirituellen Wege dem Leuchtenden Herzen eine so hohe Bedeutung beimessen und es ihr Leben lang kultivieren. Es zeigt, warum sie ihr ganzes Leben hingebungsvoll der längsten Reise der Welt widmen: 30 Zentimeter – vom Kopf in das Herz.

Räume der Heilung

Durch die beschriebenen Kapazitäten des Herzens, dessen Räume in den Mysterienschulen rund um die Welt vielfältig wachgerufen werden, ist eine Heilung auf Zellebene möglich. Die Grundlage jeder heilenden Bewegung in uns ist der Raum, aus dem heraus sie kommt. Versucht jemand aus einem eher intellektuellen Raum heraus mit einer Affirmation zu heilen wie: »Diese Schulter ist heil!«, dann ist dieser Satz sicherlich nicht schädlich, doch die Frage ist, wie tief er tatsächlich wirkt. Wird der gleiche Satz hingegen aus einem Raum *existenzieller Berührtheit* gesprochen, findet eine unmittelbare Heilbewegung statt. Die Quantenheiler nennen diesen Raum *Reines Bewusstsein*.

Betrachten wir daher verschiedene Bewusstseinsräume: Menschen sind in der Lage, sich in unterschiedlichen Bewusstseinsebenen oder -räumen aufzuhalten. Wir kennen das: Frisch Verliebte befinden sich in einem Raum der Zeitlosigkeit und Unsterblichkeit. Krieger bringen sich in Räume, in denen sie keinen Schmerz mehr verspüren. Sportler und Künstler kreieren ihre eigenen Räume. In jedem Raum oder Zustand sind Menschen in der Lage, gewisse Kräfte zu aktivieren. Uns interessiert zu diesem Zeitpunkt primär die Heilkraft, das heißt das Maß, in dem der jeweilige Bewusstseinsraum einen direkten Einfluss auf den Körper hat. Wenn das Bewusstsein vielfältig ist und das Herz alle unterschiedlichen Aspekte meistert und umfasst, dann muss es möglich sein, auf der Grundlage des Leuchtenden Herzens bewusst in Räume der Heilung einzutreten und sie zu evozieren.

Ein erhellendes Beispiel aus der amerikanischen Psychiatrie sei hier genannt, in dem die körperliche Beeinflussung im Gegenteil dazu nicht steuerbar ist.

Eine Frau erhält die Diagnose: multiple Persönlichkeit.
In einem Aspekt ihres Seins nennt sie sich »Helen« und zeigt
sich als ein sanftes und ätherisches Wesen. Sie trägt weiße
Kleidung, schreibt zarte Liebesverse, ernährt sich vegan, lebt
asexuell, raucht nicht, trinkt nicht, umarmt Bäume – und hat
alle möglichen Allergien, die man sich nur vorstellen kann.
Ihr Körper ist ein einziger Ausschlag! Jetzt wechselt bei dieser
Frau, für sie selbst nicht steuerbar, der Persönlichkeitsaspekt,
und hinein platzt »Sadie«. Sadie interessiert sich weder für

Bäume noch für Ernährung, raucht und trinkt, trägt am liebsten schwarze Lederkleidung und geht in Honkytonk-Bars auf Männerfang und ... hat keine Allergien!

Wie kann das sein? Es handelt sich um ein und denselben Körper. Zu unterschiedlichen Zeitpunkten, erst gesteuert von dem einen und dann von dem anderen Bewusstsein. Diese Frau hat innerhalb kürzester Zeit zwei Menstruationszyklen, je nachdem in welchem Aspekt sie sich gerade aufhält. Aus medizinischer Sicht ist dies eigentlich unmöglich, und dennoch passiert es. Alles Weitere, jede Art von Zeitrhythmus, ist zweitrangig. Einzig und allein das Bewusstsein gibt den Takt vor und kreiert die körperliche Befindlichkeit. Es manifestiert sein eigenes MOMENTUM. In Zustand A, »Helen«, ist die Allergie präsent, in Zustand B, »Sadie«, ist sie es nicht.

Ein weiteres Beispiel: Ein amerikanischer Prediger aus Pittsburgh entwickelt nach 30 Jahren auf der Kanzel plötzlich Nierenkrebs. Man gibt ihm nicht mehr viel Zeit. Er beschließt, nach Las Vegas zu gehen und alles auszuleben, was er sich während all der Jahrzehnte als Prediger versagt hat. Er lässt im wahrsten Sinne des Wortes die »Puppen tanzen«, trinkt, feiert ausgelassen, bleibt dort für zwei Monate, kehrt zurück, lässt sich untersuchen und ... hat plötzlich keinen Nierenkrebs mehr. Glücklich entscheidet er, wieder zu predigen. Ein Jahr später hat der Krebs sich erneut gebildet. Er geht wieder nach Las Vegas, feiert erneut zwei Monate und erzielt wieder eine Totalremission: Es sind keine Tumore mehr zu sehen.

Nun wäre es weit gefehlt, »Las Vegas« als eine für jede Person stimmige Tumortherapie vorzuschlagen, dennoch hat es in seinem Fall gewirkt. Warum? Weil es ihm gelingt, in einen Bewusstseinszustand überzuwechseln, in dem die Krankheit nicht mehr existent ist. Wir können nicht genau sagen, welche Einflüsse seines Lebens in Pittsburgh zu der Entwicklung des Krebses geführt haben, nur es ist überdeutlich, dass in dem Moment, in dem er das eingefahrene Bewusstseinsgleis seines alten Lebens verlässt, plötzlich neue und vitale Ressourcen ins Spiel kommen und eine andere körperliche Befindlichkeit – oder zugespitzt formuliert: einen anderen Körper – kreieren. Viele Menschen trauen sich in gesundheitlich herausfordernden Situationen nicht, die eingefahrenen Gleise zu verlassen. Wenn man ihnen in der einen Hand ihr altes Leben mit ihren alten Freunden, ihrer alten Umgebung und dem »alten« Krebs zur Wahl stellt und in der anderen Hand ein neues Leben mit unbekannten Freunden, unbekannter Umgebung und »vielleicht« einer anderen physischen Befindlichkeit, so wählten und stürben sie lieber in ihrem alten Trott.

4
Mach dir das Universum zum Freund

*Du und das Universum,
ihr seid aus einem Stoff gemacht.
Was wünschst du heut von ihm?*

*Kannst du es sehen als den Freund, der dich begleitet?
Als eine Kraft, die Lebensstürme mit dir reitet?
Was wünschst du, dass es für dich tut?
Für welchen Traum braucht es den Mut?*

Informationen einschmuggeln

In den genannten Beispielen beobachten wir die individuelle Wahl eines Bewusstseinsraumes, der eine bestimmte Form der Körperlichkeit nach sich zieht. Unsere Körper sind keine fixierten, dreidimensionalen Objekte. Sie sind in einem Prozess permanenter Bewegung, man könnte auch sagen: »Schöpfung«. Auf zellulärer Ebene befinden sich alle Zellen in einem dauernden Wechselrhythmus, in dem Information zu Materie wird und Materie zu Information, Botschaft zu Energie, Energie zu Botschaft. Die Frage für alle Heiler/Schöpfer/Manifestoren im MOMENTUM MASTERY ist: Wie können wir in diesen Wechselrhythmus eine neue segensreiche Information »einschmuggeln«?

Eine Person, die sehr unter Stress steht, schüttet Welle um Welle eines sauren hormonellen Nieselregens aus, der in alle Körperzellen fährt. Eine Person, die glücklich singt, fröhlich Liebe macht oder humorvoll lacht, löst eine Vibration der Freude aus, die durch den ganzen Körper schwingt. Nun ließe sich vielleicht sagen, dies sei banal. Und zugegebenermaßen mag es sein, dass einige der grundlegenden Prinzipien des Universums einfach sind, doch ihre Meisterung ist es offenbar nicht. Geschätzt sind circa 80 Prozent der heutigen Zivilisationskrankheiten stressinduziert, insbesondere die Herz-Kreislauf-Krankheiten. Was bedeutet dies in unserem Zusammenhang? Stress ist zuallererst ein Wahrnehmungsphänomen. Was für Person A stressig ist, muss für Person B noch lange nicht stressig sein und umgekehrt.

Das humorvolle Herz ist ein exzellenter Stressmoderator. Im Herzen zentriert, haben wir die Möglichkeit, unsere Antwort auf ein Ereignis zu wählen. Wir sind nicht *re*-aktiv, sondern *pro*-aktiv und souverän. (Jedenfalls wenn keine Krampusse vor einem stehen!) Wir sind offen und spüren, während das Leuchtende Herz alle Gefühle und Gedanken zu einem Ereignis umfasst und meistert. Jetzt entstehen Herzwellen im Körper der Person, die Schauer von Glückseligkeit durch den Körper rieseln lassen. Wer das eben Gesagte nur ansatzweise versteht und anwendet, hat ein riesengroßes Werkzeug für seine eigene Lebensreise entdeckt:

Den Segen des heilenden Herzraumes

Schöpfer meiner Realität

Erläutern wir das Mysterium der Heilräume noch tiefer anhand einer eigenen Erfahrung: Ich fliege wie so häufig von Hawaii nach München, um drei Tage später zum ersten Mal das Jahrestraining *Heart Healer* zu geben. Im Seminar geht es um das experimentelle Erforschen vieler der oben beschriebenen Heilweisen. Jetzt sitze ich im Flugzeug stundenlang so verdreht, dass mein Ischiasnerv sich überreizt und entzündet. Nicht lange danach befinde ich mich voller Schmerzen in einem Bett des Hotels, in dem ich drei Tage später die Ehre haben werde, ein Seminar über spirituelle Heilweisen zu präsentieren. Ich kann mich so gut wie gar nicht bewegen. Selbst wenn ich einfach nur im Bett ruhe, ist jede noch so kleine Drehung äußerst schmerzhaft. Ich schleppe mich gebückt wie ein 85-jähriger Mann durch die Gänge zum Frühstück und sehe mich schon im Rollstuhl das Seminar halten. Das Thema des ersten Moduls heißt dazu unglaublich passend: »Selbstheilung«.

Na wunderbar, da bin ich ja das leuchtendste aller Heilbeispiele in meinem jämmerlichen Zustand. Und mir bleiben noch ganze drei Tage, die Techniken an mir zu praktizieren, welche ich vorzutragen gedenke. Schweißtropfen bilden sich auf der Stirn des Seminarleiters. Wie moderiert man noch mal Stress? Mir fällt spontan ein kölsches Mantra ein: »*Et hät noch emmer joot jejange.*« Leider evoziert es keine unmittelbare Heilung.

In den nächsten drei Tagen probiere ich im Bett liegend alles aus, was mein Medizinbeutel an Methoden enthält. In den indianischen Traditionen sagt man, ein guter Medizinmann müsse mindestens 100 verschiedene Lieder, 100 verschiedene Gebete in seinem Medizinbeutel haben. Du darfst davon ausgehen, dass mein Beutel reich gefüllt ist. Ich versuche wirklich alles. Ich bete ausdauernd. Der Dialog funktioniert gut, doch wie schon beim kölschen Mantra: Leider evoziert er keine unmittelbare Heilung. Ich ruhe. Ich meditiere. Ich ruhe. Ich frage meine Guides. Amüsiertes Lächeln von der anderen Seite. Oh, wenn ich die zu fassen kriege! Schmerzen ohne Ende.

Ein Tag ist vorüber, und nichts ist geschehen. Jetzt habe ich noch den heutigen Tag, und am Abend danach fängt das Jahrestraining an. Wieder das gleiche Programm: Ich meditiere. Ich bete. Atemübungen noch und noch. Extremer Fokus. Nichts passiert ... Die Schmerzen sind genauso schlimm wie vorher, und meine Guides lächeln weiter amüsiert. Jetzt habe ich noch eine Nacht und einen Tag bis zum abendlichen Beginn des Seminars. Ich bitte um einen Traum. Dieser Zugang funktioniert bei mir meist, selbst wenn alles andere nicht funktionieren sollte. In der Nacht kommt prompt der Traum.

Ich stehe wie angefroren und bewegungsunfähig in der Mitte eines zugefrorenen Sees. Am Ufer, vielleicht 200 Meter entfernt, bricht ein riesiger Elchbulle aus dem Unterholz. Er sieht mich und röhrt Mark und Bein erschütternd mehrfach über den ganzen See. Das Röhren geht durch und durch. Dann stampft er dreimal mit dem Huf auf und galoppiert über das Eis in meine Richtung. Ich habe kurz den Gedanken zu fliehen, doch wie erstarrt bleibe ich einfach stehen und schaue, wie der Elch mit voller Wucht auf mich zuprescht. Circa 20 Meter vor mir steigt er in die Kufen, das heißt, er bremst sich selbst ab, schlittert auf mich zu und kommt mit seinem massigen Körper direkt rechts neben mir zum Stehen. Bewegungsunfähig schaue ich auf sein dampfendes Hinterteil. Er dreht seinen Kopf mit dem majestätischen Geweih um meinen Körper herum und leckt die Stelle an meinem Rücken, die mir solche Schmerzen bereitet.

Noch während des Aufwachens muss ich schmunzeln und denke die ganze Zeit: »Mich hat ein Elch geknutscht ...« Ich nehme ihn dankbaren Herzens als Krafttier und Unterstützung wahr, welches meine Seele tatsächlich aufheitert und in dieser prekären Situation erhellt. Doch der Schmerz und die Bewegungsunfähigkeit sind immer noch vorhanden. Wie komme ich bis heute Abend von Bewusstseinszustand A in Bewusstseinszustand B, in dem genau dieser Schmerz nicht existent ist? Nun ist es eine Sache, für jemand anderen das Bild eines heilen Rückens aufrechtzuerhalten und helfend eine neue Realität mitzuschöpfen. Und es ist eine zweite, das Gleiche an sich selbst zu praktizieren, während die eigenen Nervenbahnen so ausdrücklich versuchen, mich von einer einzigen Realität zu überzeugen: Es tut weh! Schmerz!

Wie soll man sich währenddessen auf die Kreation einer alternativen, schmerzfreien Realität fokussieren? Egal! Unverdrossen widme ich mich den Gesetzen der Quantenheilung:

Ich bin der Schöpfer meiner Realität.
Mein Bewusstsein erzeugt meinen Körper.
Dieser Rücken ist heil.

Ich spreche diese Sätze unaufhörlich in mir und lasse sie immer tiefer in mich einsinken. Nach einer Stunde mache ich einen ersten Versuch: Ich richte mich im Bett auf. Stechende Schmerzen lassen mich sofort zurück in die Kissen fallen. Das gibt es doch gar nicht! Wieso funktioniert es nicht? Meine Guides lächeln weiterhin amüsiert. Jetzt sind es vielleicht noch fünf Stunden bis Seminarbeginn. Ich ruhe, ich meditiere, ich bete. Ich übe weiter:

Ich bin der Schöpfer meiner Realität!
Mein Bewusstsein erzeugt meinen Körper!
Dieser Rücken ist heil!

Nach zwei Stunden hingebungsvoller Praxis wage ich vorsichtig den nächsten Versuch und richte mich erwartungsfroh ganz langsam auf. Und? Wieder stechende Schmerzen! Ich falle zurück in die Kissen. In diesem Moment passiert etwas in mir, was ich nur schwer in Worte fassen und auch nur annähernd erklären kann: Ich werde transpersonal zornig! Nun wissen die meisten und ich selbst, wie es sich anfühlt, personal zornig zu sein, doch was ich gerade erlebe, fühlt sich vollkommen anders an. Es ist, wie wenn die ganze Seele mit all ihren Ebenen, in all ihrem Sein bis auf das Äußerste empört ist und zu reinem Schöpfungsfeuer wird. *Transpersonal zornig!* So als ob etwas in mir auf der tiefsten Ebene niemals akzeptieren wird, dass diese Heilung so nicht funktionieren soll. Dieser innere Geist hat etwas so Absolutes und lässt überhaupt keinen Spielraum für irgendeine weitere Bewegung. Er ist eine unumstößliche Wahrheit. Ich spüre dieses absolute Feuer in mir, aus der tiefsten Ebene meiner Existenz aufflammend, durchdrungen von sich selbst, und ich sage erneut in diesem Zustand:

Und ich bin der Schöpfer meiner Realität!
Mein Bewusstsein erzeugt meinen Körper!
Dieser Rücken ist heil!

Wie selbstverständlich richte ich mich auf und bin ... schmerzfrei! Ich gehe zum mannshohen Spiegel am Kleiderschrank und beginne zu tanzen, obwohl ich kurz vorher komplett immobil und voller Schmerzen war. Erst vorsichtig, dann immer wilder, um mich zu vergewissern: Dies ist meine Realität. Realität B. Tanzend. Wild und frei. In einem vitalen Körper. Vom Elch geknutscht. Den Guides zulächelnd. Das Seminar kann beginnen.

Der Raum der existenziellen Berührtheit

Warum haben die gleichen Sätze erst dann funktioniert, als das Schöpfungsfeuer ins Spiel kam? Und was heißt das überhaupt? Ich denke, eine wesentliche Voraussetzung für Heilung oder Selbstheilung in einem spirituellen Kontext ist die *existenzielle Berührtheit*. Erst in dem Moment, in dem alle Ebenen des Seins involviert sind, funktioniert die Heilung, und in uns geschieht etwas Unmittelbares. Eine direkte energetische Bewegung im eigenen Körper entsteht, evoziert durch die Kraft des Bewusstseins aus ebendiesem *Raum der existenziellen Berührtheit*.

Vertiefen wir das an einem weiteren Beispiel: Eine hochspirituelle Frau kommt zu einem Heiler. Sie ist Bestsellerautorin, erfolgreiche Seminarleiterin, Körpertherapeutin, ernährt sich vegetarisch, macht im herkömmlichen Sinne »alles richtig« und entwickelt dennoch eine Krebserkrankung. Sie hat viele Heilwege versucht, und keiner mündet in ihre Heilung. Der Heiler nimmt wahr, dass ein Teil von ihr gar nicht auf der Welt sein möchte, und kreiert ein Taufritual. Dieses Ritual des Willkommenheißens und absoluten Akzeptierens ihres irdischen Daseins im Körper, der vollkommenen Annahme nicht nur der Zeitlosigkeit, sondern insbesondere auch der Zeit und des Raumes, bringt die entscheidende Wende. Erst als sie wirklich *existenziell berührt* ist, können die Heilinformationen ihre Wirkung entfalten.

Ein weiteres Beispiel dafür, wie unser Bewusstsein in der Lage ist, seine heilenden Ressourcen aufzurufen: Ich werde an das Krankenbett einer knapp 80-jährigen Dame gerufen. Die sehr herzliche und mir sympathische Frau hat in ihrem hohen Alter jeglichen Lebensmut verloren, nachdem sie in einem Jahr dreimal gestürzt war und die Knochenbrüche jeweils im Krankenhaus auskurieren musste. Ihre sonst so frohen Lebensgeister sind dabei, sie aufgrund der kläglichen Umstände zu verlassen. Ihre Tochter bittet mich, sie zu besuchen, um zu schauen, ob ich etwas machen könne. Ich habe zunächst keine Ahnung, was ich dort soll, geschweige denn, ob ich überhaupt helfen kann. Nichtsdestotrotz sitze ich ein paar Stunden später an ihrem Krankenbett. Ich verwickle sie in ein Gespräch über dieses und jenes und finde überhaupt keinen Ansatz, die ältere Dame aus ihrem Trübsinn herauszuführen und eine heilende Bewegung einzuleiten.

Plötzlich sagt meine innere Stimme zu mir: »Frage sie nach *Kaffee!*« Ich horche noch einmal nach. Wie bitte? »Frage sie nach *Kaffee!*« Okay, ist ja gut! Ich frage also vorsichtig nach: »Sag mal, was trinkst du eigentlich lieber, Tee oder Kaffee?« Sie antwortet wie aus der Pistole geschossen: »Nur Tee, schon seit über 50 Jahren!« Ich hake nach: »Ja und sag mal, wie ist es mit Kaffee? Hast du vorher in deinem Leben auch Kaffee getrunken?« Sie antwortet quick: »Ja, als junge Frau, so zwischen 20 und 30, da hab ich viel und gerne Kaffee getrunken. Da konnte ich Bäume ausreißen!«

Und mit dieser einen Bemerkung hat die alte Dame, ohne es zu wissen, ihren eigenen Heilweg vorformuliert: Die Substanz »Kaffee« ist in ihrem Bewusstsein verknüpft mit einer Zeit in ihrem Leben, in der sie auf der Höhe ihrer Vitalität war. *Sie konnte Bäume ausreißen.* Führen wir jetzt in dieser für sie misslichen Situation ihrem Körper »Kaffee« zu, besteht eine große Chance, dass ihr Körperbewusstsein sich rückerinnert und rückverbindet mit der Zeit seiner höchsten Vitalität.

Also sage ich ihr: »Du trinkst ab sofort für drei Wochen nur noch Kaffee.« Sie entgegnet prompt: »Nein, das mach ich nicht!« Schon eine sehr lebendige Reaktion! Ich entgegne ebenso schnell und direkt: »Doch, das machst du!« Wir tauschen diese Sätze noch ein paarmal temperamentvoll hin und her, bis sie schließlich einlenkt und mir in die Hand verspricht, es tatsächlich zu tun. Innerhalb sehr kurzer Zeit findet sie daraufhin ihren gewohnten Lebensmut wieder, und die Brüche verheilen schnell und gut. Heilung durch Kaffee!

Genauer gesagt wird sie durch die vitalen Informationen geheilt, die sich in ihrem Fall über die Substanz Kaffee aktivieren ließen. Hätte sie durchgängig ihr ganzes Leben lang Kaffee getrunken, so würde das *Heilmittel* Kaffee überhaupt keine Wirkung gehabt haben. Es gelang hier, den Raum aufzuspüren, in dem sie *existenziell zu berühren* war. Für die Kreation des MOMENTUMS – wenn es also darum geht, den eigenen Lebenstraum kraftvoll in die Welt zu bringen – brauchen wir genau diese *existenzielle Berührtheit*. Wir ringen im Grunde genommen um den Zugang zu unterschiedlichen Räumen, in denen wir in der Lage sind, eine jeweils andere Realität zu evozieren. An dem Feld der Heilung und Selbstheilung lassen sich die Prinzipien der Manifestation sehr gut erklären. Gehen wir noch einen Schritt weiter.

Tempelarbeit

Heilung braucht einen Raum der Offenheit und Berührbarkeit. In den Heiltempeln des Asklepios in den griechischen Mysterienschulen war man sich dessen sehr bewusst. Die Patienten wurden mit ihrem jeweiligen körperlichen Gebrechen in die Heiltempel geführt, um dort Tempelschlaf zu halten – für mehrere Tage, manchmal Wochen. Antike Burn-out-Therapie!

Die Räume waren abgedunkelt, es gab Weihrauch, betende und tönende Priesterinnen und Priester im Hintergrund, die diesen heiligen Raum nur für einen einzigen Zweck kreiert haben: Sie warten auf einen ganz bestimmten Moment, der das MOMENTUM der Heilung in Bewegung setzen soll. Irgendwann weiß der Patient nicht mehr, ob es Tag oder Nacht ist oder wie lange er sich schon dort aufhält. Es öffnet sich eine Lücke in seinem Bewusstsein – eine Art Zwischenraum. Plötzlich ist seine Seele wahrhaft empfänglich – eben *existenziell berührbar*. Auf diesen einen Moment haben die Priester die ganze Zeit gelauert. »Kairos«, das richtige Wort zur richtigen Zeit gesprochen, löst dann die heilende Bewegung aus. Werden das gleiche Wort, die gleiche Heilformel, der gleiche Heilgesang in einem anderen Moment gesprochen oder gesungen, haben sie keinerlei Wirkung. Entscheidend ist der Bewusstseinsraum.

Im Rahmen der Herzlehren lassen sich auf Seminaren diese Räume gemeinsam evozieren und bieten die Grundlage für Zeremonie und Ritual. Ich nenne es *Tempelarbeit*. Tempel steht dabei synonym für einen heilenden, heiligen Raum. Der Begriff ist für mich nicht gebunden an eine bestimmte spirituelle oder religiöse Richtung. Selbst die schönsten und weihevollsten Tempel im Außen können nur deshalb entstehen, weil wir als Menschen die gleichen Räume in uns tragen: Bewusstseinsräume, die dem Zweck der Rückverbindung mit Gott, der Heilung und des Segens dienen. Wir müssen daher für unsere innere Arbeit nicht zu einem äußeren Tempel reisen, sondern können einen zeitlosen Tempel der Heilung an jedem Ort der Welt in uns aufrufen. Wenn dann Menschen zusammenkommen, um eine Zeremonie gemeinsam miteinander zu zelebrieren, entsteht eine Feldenergie, welche größer ist als die jedes Einzelnen.

Es ist wie in dem Wort von Jesus an seine Jünger: »Wenn zwei oder drei in meinem Namen zusammenkommen, dann werde ich unter ihnen sein …« Das können wir als Metapher verstehen für den Segen, den jegliche Form von Gruppenarbeit bedeutet. Wenn sich zwei oder drei, 20 oder 30, 200 oder 300 Menschen reinen Herzens zusammenfinden zum Zweck der Heilung, der Inspiration oder der Rückverbindung, dann bündeln sich deren Kräfte zu einem gemeinsamen Ruf, einem umso stärkeren Feld, und eine segensreiche, lichtvolle Kraft von oben kommt dazu.

Wir sind aufgefordert, im Sinne unserer Selbstheilung für diesen Moment überzuwechseln in einen Raum der *existenziellen Berührtheit,* einen Raum reinen Bewusstseins, einen heiligen Tempel – in jedem Fall in einen Raum der Heilung, der nicht gleichzusetzen ist mit den Alltagszuständen unserer Persönlichkeit. Wie auch immer die Methode sein mag, in der Regel geht sie einher mit einer Umstellung der Hirnfrequenzen auf ruhigere und länger schwingende Frequenzen. Ich denke, dass auch ein Teil meiner Ischias-Heilung auf eine Verlangsamung meiner Hirnfrequenzen zurückzuführen war, in die meine Person durch die dreitägige Bewegungsunfähigkeit förmlich hineingezwungen wurde. Und meine Guides lächeln amüsiert weiter.

Treten wir durch gezielte Evokation in die Energien des Tempels ein und reduzieren wir durch die Reinheit unserer Intention die eigenen Hirnfrequenzen, so besteht eine größere Wahrscheinlichkeit, dass eine heilende Bewegung in uns erzeugt wird. Existenzielle Berührtheit und das MOMENTUM gehen Hand in Hand.

Quantenverschränkt

Quantenphysik ist so komplex, dass sie hier nicht ausführlich erklärt werden kann. Rufen wir uns dennoch ein weiteres Mal das

Doppel-Spalt-Experiment des britischen Physikers Thomas Young in Erinnerung und sein faszinierendes Fazit, dass die Struktur von Licht offensichtlich abhängig davon ist, wer sie beobachtet und was für eine Vorannahme diese Person über das Licht hat: der Beobachtereffekt.

Wenn also unsere Gedanken und Erwartungen die Struktur von Licht beeinflussen, dann können wir das auch für unsere Manifestation einsetzen. Schließlich sind wir als Beobachter stets mit allem verbunden, was wir beobachten, und bestehen auf der tiefsten Ebene selbst aus Licht. Wir beeinflussen durch unsere Art zu schauen alles zum Guten oder zum Schlechten. Wir sind sozusagen *quantenverschränkt* mit dem, was wir schauen oder vorannehmen. Unsere Gedanken co-kreieren unsere Realität. Schaffen wir es, bei einer Traumschöpfung oder einer Heilung unseren Geist so zu beruhigen, dass die Schau des Dritten Auges klar und einpünktig ist, dann haben wir fast alle Werkzeuge beisammen, welche die Grundlage für eine unmittelbare Manifestation bieten:

1. einen heilenden Raum beziehungsweise Tempel,
2. Offenheit und ein erhöhtes Körperbewusstsein,
3. Zentriertheit im Leuchtenden Herzen,
4. die Absenkung der Hirnfrequenzen,
5. das einpünktig gebündelte Bewusstsein beziehungsweise eine Fokussierung der Schau,
6. existenzielle Berührtheit, das heißt, Gedanke plus leidenschaftliches Herz,
7. das Herzensgebet oder die Danksagung.

Da wir und das Universum aus einem Stoff gemacht sind, können wir es uns zum Freund machen und für eine wechselseitige Beeinflussung nutzen. Wir müssen nur in den Dialog gehen. Eine uralte Methode, um in diesen Dialog zu gehen, ist das Gebet. Das Entscheidende an Gebeten ist:

Wir können sie nur fühlen.

Das Gebet ist eine mit einer erhöhten Emotion aufgeladene Kommunikation. In der traditionellen Art zu beten bin ich *hier* und kommuniziere mit einem Wesen oder Gott *dort,* das heißt, außerhalb von mir. Doch was geschieht, wenn diese Trennung sich auflöst?

Zu einem Gebet werden

Während die ersten sechs Punkte direkt beeinflussbar sind, bedarf es beim siebten Punkt einer noch größeren Offenheit und eines noch tieferen Vertrauens. Es geht darum, zum Gebet zu *werden,* sodass es keinen Unterschied mehr gibt zwischen dem Gebet und dem, der betet. Findet das statt, entsteht eine Offenheit für Gnade. Gnade ist per definitionem etwas, dessen Eintreten wir nicht vorherbestimmen oder kontrollieren können. Dennoch können wir uns im MOMENTUM MASTERY mit den obigen Werkzeugen *zufallsanfällig* für Gnade machen. Es geht darum, im vollsten Vertrauen den göttlichen Beistand einzuladen und ohne jeden Zweifel die Heilung zu schauen. Den Körper ganz und total zu spüren, bereit zu sein, eingekapselte Energien wieder in den Fluss zu bringen. So wie Jesus sich bei seinem Vater im Himmel für die Heilung, welche er im Begriff ist durchzuführen, im Voraus bedankt, sind wir aufgefordert, Gleiches zu tun, um Gleiches zu erzielen. Den Dank vorauseilen zu lassen ist eine der unmittelbarsten Einladungen, um göttliche Kräfte zur direkten Erfahrung werden zu lassen. So zeigt das Leben von Jesus *einen sich in einem ständigen Gebet befindenden Menschen.* Er betete bei den kleinsten Anlässen. Jedoch nicht in Form der Bitte, sondern in der des Dankes. Wenn wir hören, er habe sich die ganze Nacht über im Gebet befunden, praktizierte er die obengenannten sieben Gesetze. Unser Verstand hat nicht die Kraft, zum Gebet zu werden. Dies geht nur über das Herz. Es ermöglicht den direkten Dialog mit Gott. Doch muss es gelingen, den Verstand zur Ruhe kommen zu lassen. Nur dann werden wir selbst zu einem Herzgebet, und dieser Raum in uns stellt sich für das Schöpfen zur Verfügung. Wir sind dabei nicht auf uns allein gestellt, sondern bekommen göttliche Unterstützung. Mein eigenes Gebet als Herzlehrer, das jedem Seminar vorangestellt wird, ist das folgende:

Möge jeder Einzelne die Kräfte einladen, welche ihn oder sie segensreich begleiten.
Möge ein jeder sich in seinen höchsten, wahrhaftigsten und heiligsten Aspekt hineinbegeben.
Möge jeder seinen individuellen, geweihten Zugang in das Göttliche für die gemeinsame Arbeit zur Verfügung stellen.
Möge für jeden ein Maximum an innerer Klärung, Heilung und Lösung stattfinden, so sehr, wie es jedes einzelne Individuum zu integrieren und zu halten vermag.
Möge dies und nur dies geschehen.

Wir können sagen, dass der Geist allgegenwärtig ist und wir ihm durch das Gebet eine Richtung geben, eine Möglichkeit, in diese bestimmte Form, in dieses von uns gewählte Gefäß zu fließen. Stille spielt eine bedeutende Rolle, da wir durch das Stillwerden nach innen gehen und beginnen, uns für die heilenden Ressourcen zu öffnen. Dies ist wichtig zu erwähnen, denn im MOMENTUM MASTERY geht es darum, dass jeder Einzelne in seine höchste Kraft hineinfindet. Dann können im Zusammensein größere und kleinere Wunder geschehen. Das Gebet spielt hierbei eine wesentliche Rolle.

Führen wir dies weiter aus an dem prägnanten Beispiel von spanischen Soldaten, die kurz nach Kolumbus mit einem Schiff nach Amerika gesegelt sind. Man will die sagenumwobene Goldstadt El Dorado finden und sucht in den Sümpfen Floridas

*danach. Die Männer in ihren schweren Rüstungen sind auf die
Hitze nicht eingestellt, und die meisten sterben. Man findet
nichts. Ein paar Dutzend retten sich auf das Schiff, und man
sticht wieder in See. Doch ein Sturm zieht herauf, und das Schiff
havariert. Ganze sechs ausgemergelte Gestalten überleben und
stranden am Golf von Texas. Den dort ansässigen Indianerstämmen ist seit Jahrhunderten prophezeit worden, dass
irgendwann die neuen Götter über das Meer zu ihnen kommen
würden. Da offenbar lange keiner gekommen ist, kann es sich
bei diesen sechs nur um die neuen Götter handeln. Ein klarer
Fall, und so behandelt man die einfachen Fußsoldaten wie
Götter, lässt ihnen jeden nur möglichen Komfort zukommen,
bis sie sich erholt haben.*

*Jetzt allerdings sollen sie auch die Arbeit der Götter verrichten,
und das heißt insbesondere: heilen! Die kranken Indianer
werden ihnen also vorgeführt mit ihren von Stürzen gebro-
chenen Gliedern, Entzündungen, Geschwüren etc. Nun lernt
man als Fußsoldat eher, wie man Körper zerstört, und nicht,
wie man diese heilt. Auch sind diese Männer in keinerlei Weise
heilkundig. Doch sie wissen instinktiv: Wenn die Indianer
unter ihren Händen nicht heil werden, dann bedeutet das den
sicheren Tod und die unmittelbare Aberkennung ihres göttlichen
Status. Also beten diese Männer um ihr Leben. Sie beten so
inbrünstig und so voller Hingabe, dass tatsächlich Heilwunder
geschehen. Sie rufen mit der ganzen Kraft ihrer Seele nach Jesus
Christus und Maria.*

*Sie beten aus einem Raum existenzieller Berührtheit, denn
wenn ihr Gebet nicht funktioniert, haben sie keine Existenz
mehr!*

Auch an diesem Beispiel erkennen wir, dass der Raum, aus dem
heraus gebetet wird, und die emotionale Ladung, mit der gebetet
wird, zu den gewünschten Resultaten führen. Das Phänomen des

Stoßgebets, mit dem in einer Gefahrensituation kraftvoll und unmittelbar um Beistand ersucht wird, hat in diesem Sinne eine große realitätsbildende Kraft. Ein weiteres Beispiel dazu möchte ich teilen. Ich habe das Privileg, durch die Herzarbeit mit großartigen Bewusstseinspionieren und weiten Seelen Momente tiefer Berührtheit zu teilen. Zu einem Retreat mit einer fortgeschrittenen Heilergruppe bringt eine Heilerin und Schamanin eine wunderbare Überraschung mit: Sie hat über ein halbes Jahr lang einen indischen Tanz mit höchst komplexen Bewegungsfolgen einstudiert und fragt, ob sie den Tanz an einem Abend vorführen dürfe. Ich stimme begeistert zu.

Es ist der Liebestanz der Kuhhirtin Radha an ihren göttlichen Geliebten Krishna. Die Heilerin und Schamanin tanzt diesen Tanz voller Hingabe und Anmut im Seminarraum. Sie schafft es, durch ihre vollkommene Präsenz alle Teilnehmer in einen anderen Bewusstseinsraum zu führen. Die Reaktion: vollkommene Begeisterung und gleichzeitig Sprachlosigkeit. Sie tanzt auf mehrfache Bitten hin ein zweites Mal. Wieder voller Hingabe. Danach herrscht nur noch Stille, tiefe Stille, unerklärbare Stille ...

Ich erkläre die Session für beendet. Es ist mittlerweile 22 Uhr, doch keiner will gehen. Niemand mag den durch sie aufgebauten Bewusstseinsraum verlassen. Über eine Stunde bleiben alle im Schweigen dieser Stille sitzen. Während dieser Zeit wird ein Füllhorn an Glückseligkeit über diese Gruppe ausgeschüttet. Keiner traut sich, auch nur eine einzige Bewegung zu machen. Etwas ist durch sie hindurchgetanzt, das größer war als jedes einzelne Individuum. In diesem Raum. Zu diesen Menschen. Ihre vollkommene Hingabe hat die Götter eingeladen. Sie war das Gebet. Sie wurde der Tanz. Sie ist das MOMENTUM.

Experiment 6

Das Stellen der Herzfrage
Wann gab es in deinem Leben Momente der existenziellen Berührtheit?

Kurzzusammenfassung des MOMENTUM MASTERY:

1. Finde deinen Traum
2. Folge deinem Ruf
3. Bilde dein Gefäß
4. Fülle es mit Energie
5. Zünde den Funken
6. Verbinde dich auf allen Ebenen
7. Sei existenziell berührbar
8. Werde zum Gebet

5
Nimm die Herausforderung an – und siege

*Siehe, wie Teile deines Seins
in sich zurück versinken
und ihrer selbst ent-werden.*

*Jetzt sind sie weder Muss noch Zwang,
sie sind nur noch ein Potenzial
mit einem eigenen Schöpfungsklang.*

Wie kommen wir in das Leuchtende Herz?

Wenn wir im MOMENTUM MASTERY die obigen Schritte durchführen, setzen wir eine Erhöhung unserer spirituellen Frequenzen in Gang. Da dieser Vorgang in der Polarität stattfindet, stößt die neue, evozierte Energie direkt an alte Grenzen. Insbesondere an die Grenzen des eigenen Körpers, der die gesammelte Vergangenheit eines Individuums in sich gespeichert hat. Und darüber hinaus noch die seiner Vorfahren und des gesamten Clans, dem er oder sie entstammt. Ein wichtiger Grundstein des MOMENTUM MASTERY liegt daher in der Dekonditionierung des Körpers. Ich möchte die Herausforderung anschaulich erklären anhand einer neuen Methode der Selbstheilung, die sich aus der Herzarbeit heraus entwickelt hat: Das *7-Generationen-Tempelritual* zur Klärung der Familiengeschichte.

Doch zuvor wollen wir auf den Kern dieser Arbeit eingehen: unser Herz. Das Herz ist der Dreh- und Angelpunkt dieser Heilmethode. Ich spreche und schreibe hier vom *Leuchtenden Herzen,* das mehr ist als eine Metapher. Es ist ein erfahrbarer mystischer Zustand, der durch stetiges Kultivieren zu einem Weg wird – einem Weg mit Herz. Unterschiedlichste religiöse Richtungen und spirituelle Pfade teilen dieses: Sie haben alle in ihrem innersten Kern eine Art Herzkammer. Einen Raum, der nur für Gott ist. Ein Sprungbrett in die transzendenten Dimensionen. Ein Meisterschlüssel für das spirituelle Erwachen. Eine vibrierende Sonne in der Mitte der Brust. Eine sprudelnde Quelle von Lebenskraft. Die Aufzählung ließe sich endlos fortführen. Ob wir dieses Zentrum als Herz-Lotos des Buddha kultivieren, ob wir es als das Große Herz der christlichen Nächstenliebe fühlen oder es wie die Sufis leidenschaftlich beschwören und besingen, es stellt auf dieser Stufe der menschlichen Entwicklung das höchste Ziel und den tiefsten Weg zugleich dar.

Als Herzlehrer habe ich das Privileg, mit wundervollen und großartigen Menschen Reisen in die unerschöpflichen Bereiche der Seele zu unternehmen. Wenn wir uns für unsere zehn- bis zwölftägigen Herz-Einweihungen treffen, um in kürzeren oder längeren Bewegungen den Goldenen Faden der Mysterienschulen weiterzuweben, der uns von Bewusstseinsgiganten wie Jesus, Buddha und anderen erleuchteten Meisterinnen und Meistern überreicht wurde, dann besteht das primäre Ziel darin, eine direkte Erfahrung des Leuchtenden Herzens zu machen. Es nicht nur zu hören von jemandem, der Gnade und Glückseligkeit erfahren hat, sondern es selbst am eigenen Körper zu spüren. Das unterscheidet Spiritualität von Religion. Wir machen eine unmittelbare Erfahrung ohne jeden Mittler. Wir brauchen nicht mehr irgendetwas zu glauben, weil wir das mystische Einssein direkt erleben. Das Leuchtende Herz ist in diesem Moment keine Metapher, sondern einzigartige und fühlbare Realität.

Alles, was wir hierfür benötigen, sind Offenheit und die Bereitschaft, über uns selbst hinauszuwachsen. Was bedeutet das jedoch exakt? Wer sind wir, und worüber wachsen wir hinaus? Als Seelen, die einen Körper ihr Zuhause nennen, tragen wir im Innersten eine Erinnerung an unsere göttliche Herkunft, eine Ahnung von einem Feld aus Licht und Liebe, dem wir entstammen, ein Flüstern aus dem Hintergrund, das wir in der Stille des heiligen Herzens vernehmen. Diese Ebenen unseres Seins sind grundsätzlich jedem zugänglich und führen in eine größere Form individueller Freiheit, die das Geburtsrecht eines jeden ist. Wiewohl ein Herzerwachen in sich glückselig macht und einen direkten Seelenkontakt ermöglicht, so zielt die Herzarbeit in ihrer Tiefe, wie schon an einer früheren Stelle gesagt, nicht auf ein *High-Sein*, sondern auf ein *Frei-Sein*. Frei, der oder die zu sein, die wir wirklich sind.

Über diesen wunderbaren Kern, den alle Menschen ihr Eigen nennen, legen sich die vielfältigen Masken, Hüllen und Filter der Persönlichkeit sowie kollektive Bilder. Es geht hier nicht darum, das zu kritisieren oder zu bewerten, sondern wir möchten es bewusst machen. Schicht um Schicht »erlerntes« und »angeborenes« Verhalten liegt über dem vibrierenden Kern unserer Seele. Dies ist weder gut noch schlecht, es *ist* einfach. Die zentrale Frage, die sich daraus ergibt, ist folgende: Dient mein jeweiliges Verhalten, mein individueller Filter, meine Art, die Welt wahrzunehmen, der höchsten und freiesten Entfaltung meiner Seele, oder dient es ihr nicht? Einige dieser Filter, welche wir im Rahmen des MOMENTUM MASTERY betrachten wollen, stammen aus der persönlichen Familiengeschichte. Und sollten sie unserem höchsten Wachstum nicht dienen, so sei hier eine neue Methode vorgestellt, sie aus dem Bewusstsein unserer Körper herauszulösen.

Sieben Generationen – das Urwissen der Völker

Die *indigenous people*, die eingeborenen Stämme der Erde, verfügen über ein gemeinsames Wissen. Sie gehen davon aus, dass es, was auch immer in einer Familie oder einem Clan passiert, sieben Generationen braucht, bis dieses Ereignis und die damit verbundenen Informationen wieder gelöscht sind, sich sozusagen aus der Genetik herausge»mendelt« haben. Auch die Christen kennen diesen Gedanken – bei ihnen heißt es, die Sippe hafte bis ins siebte Glied. So lange braucht es offenbar, bis alle weiteren, später geborenen Familienmitglieder frei von diesen Ereignissen sind und diese nicht mehr als Information in ihnen weiterleben. Die besagten Informationen tragen wir in unseren Körpern. Sie sind die ganze Zeit in uns. Der Körper, den wir durch die schlichte Tatsache der Geburt erhalten haben, entsprang dem hoffentlich liebevollen Zeugungsakt eines Mannes und einer Frau. Er ist in keinem Fall eine *carte blanche*, ein unbeschriebenes Blatt, sondern er ist ein extrem beschriebenes Blatt. Er trägt alle Informationen, die der Clan des Mannes und der Clan der Frau über die Welt und das Leben gesammelt haben. Dieser Körper ist ein echtes Survival Kit, geeicht darauf, zu überleben. So wie ein Murmeltierbaby genau weiß, dass der Schatten dort oben am Himmel etwas Gefährliches ist, ein Fressfeind, so bekommen wir Menschenkinder per Genetik überreicht, was beide Clans an überlebenswichtigen Informationen gesammelt haben, ebenso wie alle schicksalhaften Ereignisse.

Und genau hier liegt der springende Punkt. Was ist, wenn das, was beide Clans erfahren haben, für das heutige Überleben nicht mehr wichtig ist beziehungsweise einem glücklichen Leben und dem jetzigen MOMENTUM geradezu entgegensteht? Was ist, wenn Großmütter und Urgroßmütter durch einen Krieg extrem schlechte und gewalttätige Erfahrungen mit Männern gemacht und als Information in ihrem Genpool gespeichert haben:»Traue niemals einem Mann«? Oder vielleicht noch mit einer Nationalität verbunden:»Traue niemals einem Russen«? Jetzt verliebt sich die junge Frau in einen wunderbaren jungen russischen Mann, und es stünde ihrem Glück nichts im Wege, wenn da nicht die Unterstimmen in ihrem System wären, die ihr aus dem eigenen Körper die ganze Zeit zuflüstern:»Traue niemals ...«

Das heißt, es werden unbewusst aufgeladene Informationen über den Körper weitergegeben, die dem jeweilig vorangegangenen Clanmitglied als Wahrheit erschienen oder schicksalhaft waren. Was ist, wenn ein hellsichtiger Mann heute als intuitiver Heiler arbeiten könnte, mit seiner Arbeit ein Segen für seine Mitmenschen wäre, aber alle Männer der Herkunftsfamilie aus der Zellstruktur flüstern:»Hellsichtigkeit gibt es nicht«? Und er sich nicht traut, entgegen der im eigenen Körper vorhandenen Informationen zu handeln, obwohl seine Seele ein höheres Wissen trägt und dafür bereit wäre?

Heute schon Stimmen gehört?

Ein amerikanischer Arzt erzählte nach seiner Emeritierung in einem interessanten Interview von eindrucksvollen Erfahrungen, von denen er während seiner aktiven Zeit als Chirurg, der Stunde um Stunde am OP-Tisch stand, nicht zu berichten gewagt hätte. Er sagte, sein subjektives Gefühl während all dieser Stunden, die er damit verbrachte, Zysten, Tumore und Geschwüre zu entfernen, sei gewesen: Es sind Stimmen! Seiner Wahrnehmung nach hätte er Stimmen entfernt. Er hatte sich vorher nicht getraut, ein solches Interview zu geben, um einer unglückseligen Diskussion darüber, ob ein Arzt Stimmen hören dürfe, aus dem Weg zu gehen und seine Arbeit in Ruhe fortführen zu können.

Vor dem Hintergrund der heutigen Zellforschung und oben genannten Gedanken ergeben seine Aussagen jedoch sehr viel Sinn. Was ist, wenn die Stimme einer Urgroßmutter sich in einem bestimmten Organ niedergelassen hat? Was ist, wenn der hohe Druck eines Urgroßvaters den Blutkreislauf beeinflusst? Die Urahnen sitzen uns sprichwörtlich in unseren Gliedern. Im Positiven wie im Negativen. Im Positiven erben wir unterschiedliche Qualitäten wie Musikalität, Güte, Ausdauer, handwerkliches Geschick, Organisationsfähigkeit etc. – alles nur erdenklich Positive. Und hierfür sei den Ahnen von Herzen gedankt! Auch dient unsere neue Methode in keinem Fall der Anklage derer, die vorangegangen sind, denn die beschriebenen Gesetzmäßigkeiten gelten für alle gleich. Im Folgenden möchten wir uns jedoch auf die Dinge konzentrieren, welche einer freudvollen und vollkommenen Entfaltung der Seele im Wege stehen – Informationen, die wir zwar tragen, die dennoch keinem mehr dienen.

Was sind zu lösende Informationen?

Auf einem dreistündigen 7-Generationen-Workshop meldet sich eine Frau auf die Frage, um was für Informationen es sich handeln könnte, mit folgender Antwort: »Meine Großmutter hat sich im Alter von 37 Jahren den linken Knöchel gebrochen, meine Mutter hat sich im Alter von 37 Jahren den linken Knöchel gebrochen. Ich bin jetzt 37 Jahre alt und habe es geschafft, mir vor zwei Wochen ebenfalls den linken Knöchel zu brechen. Jetzt reicht's!« Ein Mann antwortet trocken zur gleichen Frage: »Mein Großvater hat Depressionen gehabt, mein Vater hat Depressionen gehabt, und mir geht es auch schon ganz schlecht.«

Es geht um Informationen, die zu Krankheiten aller Art führen und die aus der eigenen Familiengeschichte stammen. Eine bestimmte Art zu gehen, die in dem ewig gleichen Hüftleiden endet, eine bestimmte Art zu essen, welche die immer gleiche Verdauungsstörung nach sich zieht. Süchte jeglicher Couleur, die sich durch ganze männliche oder weibliche Generationslinien ziehen. Eine bestimmte Weise, hin- oder wegzusehen, die Augenprobleme verursacht, ebenso die Tendenz, hin- oder wegzuhören, hin- oder wegzufühlen. Gewalt, die von Generation zu Generation weitergereicht wird. Schuldgefühle und Schamkomplexe. Keiner weiß mehr, woher sie kommen, weil sie zum Sprachtabu und Familiengeheimnis wurden. Es gibt Familien, in denen den Frauen jeder Generation jeweils das erste Kind wegstirbt, ein Phänomen, das in anderen Clans niemals eine Rolle spielt. Das Gleiche gilt für Selbstmord, Betrug, Verrat oder Selbstsabotage.

Dies sind offensichtliche Themen, die sich vielleicht auch noch in den zwei bis drei Generationen, die vor uns waren, nachverfolgen lassen, doch was ist mit weiter zurückliegenden Ereignissen, beispielsweise mit leidvollen Erfahrungen während der zwei Weltkriege und anderen Schicksalsschlägen, die unsere Familienmitglieder durchlebt haben? Was ist mit subtileren Filtern wie zum Beispiel die Neigung, sich etwas zuzutrauen oder nicht? An die Existenz eines Lebenstraumes zu glauben oder nicht? Die Verwirklichung der Seelenabsicht für möglich zu halten oder nicht? An Selbstheilung zu glauben oder nicht? Sich für würdig zu halten oder nicht? Wohlgemerkt: Es geht nicht darum, den Vorgängern die Verantwortung zuzuschieben und Selbstverantwortung abzulehnen, sondern es geht darum, die Themen, die sie nicht bearbeiten konnten, zu erlösen. Im Grunde genommen stehen die Ahnen ab einem gewissen Punkt dieser Arbeit hinter einem und versammeln sich zu einem Gebet:

*Möge sie diejenige sein, möge er derjenige sein,
die das lösen, was wir nicht lösen konnten.
Möge es in ihr, möge es in ihm ein Ende finden.*

Während ich diese Zeilen in Captain Cook auf Hawaii schreibe, löst sich ein Riesenast aus der Palme vor dem Haus und fällt krachend auf die Erde. Synchronizitäten! Ich komme mir vor wie Ken Kesey, der Autor von *Einer flog über das Kuckucksnest*, der in einem Essay gerade den Satz »Und fremde Galaxien klopfen an mein Fenster ...« in die Schreibmaschine tippt, als ihm eine kanadische Wildgans mit voller Wucht durch sein zerberstendes Fenster auf den Schreibtisch knallt ...

Zurück zu den sieben Generationen: Was für Informationen, die dem MOMENTUM hinderlich sind, könnten es in deiner Familie sein? Ich stelle die Frage vor dem Hintergrund dessen, dass wir alle in einer Übergangsgeneration leben, das heißt, was Hunderte von Jahren Gültigkeit hatte und weitergegeben wurde, besitzt diesen Wert heutzutage möglicherweise nicht mehr. Wir erleben den größten und umfangreichsten Wertewandel aller Zeiten. Alte, auf

Krieg, Territorialität, Ausbeutung beruhende Wertesysteme brechen zusammen. Eine wichtige Frage stellt sich: Brechen sie auch in uns zusammen? Lassen wir sie in uns zusammenbrechen, oder halten wir sie vielleicht aufrecht und brechen deshalb mit ihnen im Außen in einer Art apokalyptischem Finale zusammen, wie es vor einiger Zeit den Machthabern in einigen arabischen Staaten ergangen ist? Fortschritte auf den Gebieten der Medizin, Wissenschaft und Technologie, aber auch des Bewusstseins wachsen exponentiell, in einer Geschwindigkeit, die kaum noch zu verarbeiten und zu integrieren ist. Die zurzeit auf diesem Planeten lebenden Generationen müssen größere Anpassungsleistungen vollbringen als alle vor ihnen. Können wir das erreichen mit den Werten unserer Ahnen, die uns zum Überleben des Körpers mitgegeben wurden und die immer noch aus unseren Zellen flüstern? Können wir mit diesen Informationen ein neues MOMENTUM in unserem Leben kreieren? Ich wage das zu bezweifeln.

Showdown im Körper

Ich stelle die oben genannte Frage nach den zu lösenden Informationen selbstverständlich auch mir selbst und möchte etwas teilen, das überdurchschnittlich vielen Männern aus der mütterlichen Linie meiner Herkunftsfamilie gemeinsam ist. Eine wirklich unangenehme Eigenschaft, so unangenehm, dass »man« sie eigentlich nicht teilen möchte: Die meisten Männer meiner Familie werden in der Regel nicht älter als 39 und sterben früh an einer Kopfverletzung. Nun stell dir einmal vor, du wirst als männliches Wesen in eine solche Familie hineingeboren. Spätestens ab 38 Jahren fängt es an, in dir zu *flüstern*. Während du beispielsweise Auto fährst, beginnen die männlichen Ahnen zu raunen: »Du möchtest doch einer von uns sein, oder? Dann halte bei dieser Laternenpfahlreihe dort vorn bitte deinen Kopf aus dem Fenster!«

Nun ist der Mentalkörper meiner Person recht weit und frei, und es gibt auch keinen Aspekt meiner Physis, der ein Handicap wäre, und doch ereilt mich im Alter von sechs Jahren tatsächlich eine schwere Kopfverletzung. Ein damals noch lebender 20-jähriger Cousin dieser Linie spielt mit mir, dem Sechsjährigen, am Strand Fußball. Er schießt mir den *Ball aus der Familiengeschichte* zu. Ich hechte nach dem Ball in den Torwinkel und knalle mit voller Wucht mit dem Kopf an den rostigen Eisenpfeiler, der als Pfosten fungiert. Es gibt sicherlich geschicktere Arten, das Dritte Auge zu öffnen als diese rein mechanische ... Ich bin kurz davor zu verbluten. Nur durch das beherzte Eingreifen meines Vaters kann mein Leben gerettet werden. Dies bleibt die einzige Kopfverletzung in meinem Leben, die ich mir ausgerechnet in dem Moment zuziehe, als dieser Cousin anwesend ist. Er selbst stirbt »pünktlich« im Alter von 35 Jahren bei einem Werftunfall. Ihm fliegt ein Gewicht, das an einem Kran hängt, gegen den Kopf ...

Das einzige weitere Mal, dass ich einen noch lebenden Mann aus der mütterlichen Linie treffen soll, ereignet sich in einem Urlaub auf Zypern. Ich befinde mich im Alter von 32 Jahren auf einem Marktplatz, bekomme Durst und gehe in ein Restaurant, um mir etwas zu trinken zu bestellen. Plötzlich steht ein fast gleichaltriger Cousin wie der Geist aus der Flasche neben mir und begrüßt mich. Er arbeite dort im Tourismus, erzählt er mir. Ich starre ihn an. Auf seiner Stirn hat er eine in allen Regenbogenfarben schillernde Geschwulst, die sich nach vorn wölbt. Er sieht ein bisschen aus wie ein Einhorn in Ausbildung. Ich starre die ganze Zeit auf dieses eigenartige Horn und frage ihn unverblümt: »Was hast du da? Was ist das? Das hattest du doch früher nicht.« Seine Augen werden feucht, und er antwortet: »Das ist ein gutartiger Tumor.« Ich frage: »Seit wann hast du den?« Er erwidert: »Den habe ich, seit mein älterer Bruder gestorben ist. Er hatte einen bösartigen Tumor an der gleichen Stelle, der ihn das Leben gekostet hat.«

Das beschriebene Geschehen können wir uns gut mit dem von Bert Hellinger nach Europa gebrachten und von anderen Therapeuten weiterentwickelten System der Familienaufstellungen erklären: In dieser Arbeit wird die Familie als ein System gesehen, das sich in einer mehr oder weniger bewussten Ordnung oder Schräglage befindet. Wird nun ein Baby in dieses System hineingeboren, wird es aus Solidarität zu dem System alles tun, um es zu bestätigen. Ist aus diesem Familiensystem irgendwann einmal ein Onkel ausgewandert und hat sich selbstverloren im Ausland zu Tode getrunken, dann gibt es in diesem System die Information »Weggehen«, und zwar über »Alkohol«, und eines der Kinder wird den Impuls haben, dieses auszudrücken, bis die Ursache der schwelenden Information in einer Aufstellungsarbeit bewusst gemacht und geklärt wird. Diese Muster sind völlig unbewusst. Das heißt: Aus vermeintlicher Liebe zum System findet eine Selbstschädigung statt, eine Loyalität, die wie bei dem Cousin nicht ins Mitfühlen, sondern ins Mitleiden geht. Er will dem Bruder aus Liebe ins Leid folgen. Wir wissen nicht, warum der eine geht und der andere überlebt, doch wir können sagen, dass der Überlebende loyal ist zu seinem eigenen Nachteil und Schaden. Er opfert sich und sein Lebensglück aus unbewusster Liebe. Bewusstes Lieben würde zu einem anderen Resultat führen.

Heutige Systemaufstellungen, die ich hier nicht in der Tiefe erläutern möchte, arbeiten über Repräsentanzen und gehen in der Regel maximal zurück bis zur dritten oder vierten Generation. Während die Idee in dieser heilsamen Systemarbeit ist, durch Umstellen und Klären das Familiensystem mit Lösungssätzen und kurzen Ritualen in eine Art Stimmigkeit und gesünderes Gleichgewicht zu bringen, das in den Alltag hineinwirkt, so hat unsere neu entwickelte Methode einen anderen Ansatz. Sie umfasst die ganzen sieben Generationen, sie achtet das Urwissen der *indigenous people* und bezieht es mit ein.

Den Körper ganz spüren

Für die 7-Generationen-Arbeit ist es unwesentlich, ob wir unsere Vorfahren kennen oder nicht. Die meisten Menschen sind keine Genealogen und kennen daher ihren weit zurückreichenden Stammbaum nicht im Detail. Auch spielt es keine Rolle, ob die Vorfahren noch leben oder nicht. Wir haben ihre Informationen ja in unserem Körper gespeichert. Dort, wo die Urururgroßmutter an einem speziellen Organ das uralte, ewig gleiche Morsesignal in unser System hineinpocht. Unsere Aufgabe ist es zunächst, uns mit dem Körperbewusstsein vertraut zu machen, um dann Generation für Generation die nicht segensreichen Informationen aufzuspüren, welche wir schließlich in einem zweiten Akt aus der Zellstruktur herauslösen. Hierfür bedarf es der Offenheit, sich selbst in der Tiefe wahrzunehmen. Es bedarf des Mutes, die Dinge, die wir gemeinhin nicht spüren wollen, zu spüren, um sie dann loszulassen. Im Amerikanischen heißt es hierzu:

You cannot heal what you cannot feel.

Für den Akt der Herauslösung brauchen wir des Weiteren ein umfassendes Verständnis, dass er überhaupt funktionieren kann und wir in der Lage sind, die fokussierte Kraft unseres Bewusstseins wirksam auf den eigenen Körper anzuwenden. Es wurde bereits anhand diverser Beispiele erläutert, wie wir als Menschen in der Lage sind, uns selbst mit der Kraft unseres Bewusstseins zu heilen und die Selbstheilungskräfte des Körpers in Gang zu setzen.

Wie nehmen wir unseren Körper wahr?

Können wir die Residenz verschiedener Emotionen in unserem Körper lokalisieren? Ich erinnere mich an ein Herzöffnungs-Wochenende in Wien, wo das ein Thema war. Die Gruppe hatte die

Aufgabe, eine Emotion ganz zu fühlen, wie zum Beispiel ganz Traurigkeit zu sein, und dann zu beobachten, ob es gelingt, diese Emotion wahrzunehmen und im Körper zu lokalisieren. Schließlich war die Emotion in den transformierenden Schmelztiegel des Herzzentrums aufzunehmen und umzuwandeln. Die Gruppe trainiert dabei sowohl das tiefe Fühlen und Lokalisieren als auch das blitzschnelle Überwechseln in die Ressourcen des Herzzentrums. Um in das Leuchtende Herz zu gelangen, brauchen wir die Meisterschaft über den Emotionalkörper. Wir müssen lernen, die Emotionen zu meistern, um uns nicht von ihnen meistern zu lassen.

Ich sage die nächste Aufgabe an: »Und jetzt möchte ich euch bitten, zwei Minuten lang die Emotion Wut ganz zu fühlen und zu schauen, ob und wo wir sie im Körper lokalisieren können.«

Da meldet sich eine Frau und sagt: »Das tut mir leid. Ich kann diese Übung nicht mitmachen.«

Ich frage nach: »Warum nicht?«

Sie antwortet: »Weil ich niemals wütend bin.«

Ich schaue sie nachdenklich an. Ein menschliches Wesen, das noch niemals wütend gewesen ist? Ich hake erneut nach: »Noch nie? In deinem ganzen Leben?«

»Noch nie!«

Ich provoziere etwas und frage munter: »Und wie viele Minuten bräuchte ich, um dich wütend zu machen?«

Sie antwortet mit einem süffisanten Lächeln: »Keine einzige! Ich bin niemals wütend!«

Ich spüre, wie ob ihrer Süffisanz das Feuer in mir aufsteigt, und ich bin kurz davor, selbst wütend zu werden. Dann erkenne ich im gleichen Moment ihr Muster: *Oh ... sie lässt wüten!*

Aha, und ich war kurz davor, in ihre Falle zu tappen. Ich scanne sogleich ihr Feld. Vor meinem inneren Auge sehe ich in diesem Feld eine riesige Wutfackel brennen und denke: Wer wird das wohl für sie ausleben? Also frage ich nach: »Und wie sieht es in deiner näheren Umgebung aus? Hast du Kinder?«

»Nein.«

Ich antworte: »Noch einmal Glück gehabt …« Nichts gegen Kinder, nur in diesem Fall scheint es sicher, dass eines der Kinder ein richtiger Wutbolzen geworden wäre, egal ob Junge oder Mädchen, und stellvertretend für sie ihre Wut ausagieren würde.

Ich frage weiter: »Und wie sieht es in der Arbeit aus? Ist dir dort schon einmal das Phänomen Wut begegnet?«

Ja, das könne sie sich gar nicht erklären. Ihre Chefinnen würden permanent im Kontakt mit ihr zu Cholerikerinnen, aber niemals im Kontakt mit ihren Kolleginnen!

»Soso«, antworte ich ihr, »das ist jetzt aber merkwürdig, oder? Und wie sieht es in der weiblichen Ahnenreihe aus?«

Sie antwortet etwas perplex: »Na ja, also meine Urgroßmutter, meine Großmutter und meine Mutter, das sind alles steirische Feuerwalzen.«

Da ich den Begriff zum ersten Mal höre, frage ich erstaunt nach: »Was ist denn eine steirische Feuerwalze?«

»Das sind Frauen, die ihre Männer nicht nur wüst beschimpfen und niederbrüllen, sondern auch noch samt Mobiliar aus dem Haus prügeln.«

Jetzt wird ihr umfassenderes Lebensthema deutlich. Das kleine Mädchen schwört schon sehr früh auf sein reines Herz: »So wie die werde ich niemals sein!« Und der Schwur gilt. Dennoch trägt sie die gleiche Wutfackel wie ihre Ahninnen. Und zwar nicht nur im eigenen Feld, wie vom Lehrer wahrgenommen, sondern genauso im eigenen Körper. Die Wutenergie ist aufgeladen und nicht gelöst. Ihr Leben dreht sich permanent darum, *sich zu dieser Energie zu verhalten,* die ihr von ihren Ahninnen überreicht wurde.

Grundsätzlich können wir eine Energie aktiv ausleben oder passiv erleiden. Egal an welchem Pol wir agieren, wir bewegen uns dann immer auf dieser Ebene. Im eben beschriebenen Fall handelt es sich um Wut in der passiven Form: »Ich lasse wüten.« Die Seminarteilnehmerin hat sich in ihrem beruflichen Feld an eine Anti-Mobbing-Kommission gewandt. Aus einer umfassenderen Perspektive stellt dies ein hehres Unterfangen dar, da sich die Wut, die sie trägt, so nicht wirklich lösen lässt. Auch die Wahl ihres Berufes erscheint vor diesem Hintergrund bemerkenswert: Sie ist Anästhesistin. Das heißt, wenn der Vitalkörper ruhig gestellt ist, fühlt sie sich in ihrer Kompetenz und Kraft. Sie tanzt kompensierend um ihr Lebensthema herum, ohne es jemals zu lösen.

Das Beispiel macht klar, dass wir zwar wie die Katze um den heißen Brei schleichen können, er dadurch jedoch nicht abkühlt oder verschwindet. Es gilt auch hier der oben erwähnte Grundsatz:

You cannot heal what you cannot feel.

Aus Angst, vom Emotionalkörper geritten zu werden wie ihre Ahninnen, traut sich die Seminarteilnehmerin nicht, die feurige Kraft zu sich zu nehmen, und lebt ihr Leben auf Sparflamme. Dabei könnte das Herz den Emotionalkörper meistern: Ihr würde dann die Feuerkraft zur positiven Verfügung stehen, und ihr Leben ließe sich neu gestalten. *Wenn sie sich nur traute!*

Wenn wir uns nur trauten ...

Was hält die meisten Menschen und viele spirituelle Sucher davon ab, ganz sie selbst zu sein? Im Grunde nichts und an der Oberfläche alles. Während der zehn bis zwölf Tage dauernden Herzeinweihung *Sacred Heart*, einem der intensivsten Prozesse überhaupt, lässt sich schnell beobachten und voraussagen, wann bei welchen Teilnehmern die inneren Widerstände aktiv werden. Ich erwähne diesen Prozess deshalb, weil die Grundlage aller Bewegungen die Erfahrung des Leuchtenden Herzens ist und dabei um den vollen Seelenkontakt gerungen wird. Es geht darum, als Seele ganz im Körper präsent zu sein, den Himmel auf die Erde zu bringen.

Einen Widerstand zu spüren zeigt an, dass es einen Teil in mir gibt, der sich zurückziehen will, dem alles zu viel ist, der die Situation nicht kontrollieren kann, der eine scheinbare Sicherheit der Offenheit des Ungewissen vorzieht und sich der Angst beugt. Ego und Angst sind grundsätzlich dasselbe.

Die spirituellen Kräfte des Herzens und der Seele dagegen wünschen, durch diese egoischen Felder hindurchzuströmen, und wollen ihr MOMENTUM leben. Gleichzeitig haben wir die Wahl. Es finden in jedem Individuum Entscheidungen statt, die den Lauf seines weiteren Lebens nachhaltig beeinflussen. Das sind die wahren Schlüsselmomente unseres spirituellen Seins. Öffnen wir uns ganz und geben wir uns vollkommen dieser transzendenten MOMENTUM-Bewegung hin – oder zucken wir zurück? Einige der benannten Widerstände stammen aus der individuellen Familiengeschichte. Sie sind gleichsam automatisiert. Es erfordert ein hohes Maß an Bewusstheit und Achtsamkeit, das in sich zu erkennen und entsprechend zu handeln. Die Lösung liegt nicht darin, etwas nicht zu spüren, sondern gleichzeitig einen anderen Raum zu halten:

den Raum des Leuchtenden Herzens.

Es ist eine simultane Bewegung, die alles zulassen und annehmen kann. Es ist, als ob wir zwei Körper in einem hätten, einen Herzkörper und einen Schmerzkörper. Das Leuchtende Herz umfasst das Gute, Schlechte und Hässliche, alle Aspekte unseres Seins und wertet sie nicht. Es stellt einen gleichbleibenden, stetigen Liebesstrom zur Verfügung. Die Weisen Indiens wissen um dieses Gesetz und sagen daher zu allem, was sie in sich wahrnehmen: »Tat twam asi – du bist das«, womit sie ausdrücken wollen: »Das bin ich auch.« Sie sagen dies zu jedem Aspekt ihrer selbst, auch zu denen, die das Ego meidet, da ihr Herz alle umfasst. Die Seele kennt nur einen einzigen Sieg: den über sich selbst.

Jetzt sind wir offen für ein noch kraftvolleres MOMENTUM, nämlich die Gaben der Seele in die Welt zu bringen, um eine glückliche Zukunft zu schöpfen. Gelingt es uns, den Code des eigenen Körpers zu knacken, können wir uns selbst dekonditionieren und die Erfahrungen der Vergangenheit überschreiben. Der Körper spielt eine Schlüsselrolle, denn er trägt die Vergangenheit: die Erfahrungen unserer Ahnen ebenso wie die Erlebnisse aus unserem eigenen Leben.

6
Knack den Körpercode und werde frei

Es braucht den Bruch mit deinem alten Leben,
der Körper mag dir hierauf Krieg und Schmerz erklären,
wenn du dich weigerst, ihn gewohnt zu nähren.

Es braucht von dir der Seele und des Geistes Kraft,
ihm dieses nicht erneut zu geben.

Neurochemisch identifiziert

Während wir den MOMENTUM-Prozess starten, wird unser Körper neurochemisch gesehen immer wieder versuchen, das Bekannte zu repetieren. Wenn jemand sich zum Beispiel jahrzehntelang schuldig fühlt und dies zu seiner hormonellen Identität geworden ist, dann wird der Körper versuchen, genau dieses wiederherzustellen. Ähnlich wie bei einer Sucht. Alle Gefühle haben eine neurochemische Signatur. Der Körper ist in diesem Sinne süchtig nach sich selbst beziehungsweise süchtig nach dem, was er schon kennt. Seine Zellen speichern unsere Vergangenheit. Der Körper memoriert, wiederholt und formt so seine neurochemischen Gewohnheiten. Er ist auf Autopilot geschaltet und repetiert, was man ihm eingibt. Er wird zum Speicher der Vergangenheit. Hier gilt es, diesen Mechanismus zu durchbrechen, und viele Bewusstseinslehren setzen an genau diesem Punkt an.

Wenn der Körper so extrem auf das reagiert, was ihm – meist unbewusst – eingegeben wird, lässt sich durch *Bewusstes Eingeben* eine große Transformation erzielen, solange wir diesen Mechanismus, die uralten Zustände aufrechterhalten zu wollen, im Blick haben und schließlich durchbrechen, bis ein neues konstruktiveres Muster gesetzt ist. Es gilt, den Körper zu meistern – über vorübergehende Zustände des Unwohlseins hinaus, die er an den Tag legen wird, wenn wir Gewohnheiten aufbrechen. In diesem Sinne möchte ich dich zu einem weiteren Experiment einladen.

Experiment 7

Frustriere eine Gewohnheit
Suche dir durch Selbstbeobachtung eine Gewohnheit aus, die du an dir wahrgenommen hast und von der du weißt,

dass sie deinem Lebensweg und der Verwirklichung deiner Seelenabsicht nicht dient. Sei nicht selbst frustriert, sondern frustriere mit deinem Geist diese Gewohnheit. Brich mit ihr!

Herzkörper und Schmerzkörper

Wir unterscheiden zwischen zwei Körpern: zwischen dem Ersten Körper, der die Vergangenheit trägt, dem sogenannten Schmerzkörper – und dem Zweiten Körper, der den ersten umhüllt, gleichzeitig durchdringt und kreiert, dem Herzkörper. Es geht bei allen Übungen und Heilbewegungen, die uns auf das kraftvolle Manifestieren vorbereiten, nicht darum, den Schmerzkörper nicht zu fühlen oder nicht wahrzunehmen, sondern im Gegenteil darum, sich durch ihn *hindurchzufühlen:*

You cannot heal what you cannot feel.

Alles andere wäre eine Verleugnung. Erdferne Spiritualität sucht den Emotionalkörper zu umgehen und landet in der Selbsttäuschung. Das ist nicht unser Weg. Gleichzeitig bringt sie sich um die Kraft und Schönheit des Gebets, für das wir den Fühlkörper brauchen. Gebete können wir nur fühlen. Allein dadurch bekommen sie ihre Intensität und entfalten ihre Wirkung. Gleiches gilt für den Schöpfungsprozess, in dem wir aus dem Raum der existenziellen Berührtheit einen Gedanken mit einem Gefühl aufladen. Warum ist das Herz hierbei so wichtig?

Ohne die Meisterschaft über den Emotionalkörper sind wir nicht in der Lage, aus dem Vollen zu schöpfen. Wir berauben uns geradezu der Fülle und des Energieflusses. Allein das Leuchtende Herz kann die Gefühle meistern, nicht der Verstand. Der Verstand hat eine Präferenz, eine Wertung, und versucht, über Abgrenzung zu kontrollieren. Er ist in diesem Sinne exklusiv. Das Herz schließt alles ein. Es integriert, weil es dazu in der Lage ist, und hebt das Leben auf eine andere Ebene. Es ist *all inclusive*. Selbst Schmerzhaftes verliert seine Kraft, wenn das Herz anwesend bleibt.

Dieser Punkt ist für die 7-Generationen-Arbeit und für das MOMENTUM MASTERY von Bedeutung, weil wir aufgefordert sind, die Energie der Ahnen zunächst in unseren Körpern wahrzunehmen und zu verorten. Es braucht dazu die Entschlossenheit und unermüdliche Ausdauer spiritueller Kriegerinnen und Krieger, die keine Furcht vor dem haben, was sich in ihnen zeigt. Ihr einpünktig ausgerichtetes Bewusstsein wird in die Lage versetzt, wie ein Laserstrahl ein für alle Mal das Schädigende aus der Struktur der Zellen zu lösen. Die *indigenous people* gehen in ihrem Wissen davon aus, dass der Herzkörper oder Zweite Körper den »normalen« Körper erzeugt und ihn gleichzeitig durchwirkt. Als Schmerzkörper bezeichnen sie die Stellen, an denen wir kontrahieren und uns selbst aus dem Lebens- und Liebesfluss bringen. Durch ihre feine Beobachtungsgabe haben sie festgestellt, dass insbesondere schicksalhafte Lebensthemen bis zu sieben Generationen lang in den Schmerzkörpern des jeweiligen Clans verweilen. Und genau hier wollen wir mit dem MOMENTUM MASTERY eingreifen, um ein neues, segensreicheres Schicksal zu erzeugen. Sowohl die Zellforschung als auch die neue Biologie gehen übereinstimmend davon aus, dass Zellen beeinflussbar sind, und zwar durch das Milieu, das heißt die Umgebung, in der sie existieren.

Herzbewusstsein

Alle genannten Beispiele haben nur ein einziges Ziel: im Leser das Bewusstsein für die große Bedeutung der Räume zu wecken, aus denen während des MOMENTUM MASTERY Schöpfungen und Heilungen geschehen. Wenn wir die unterschiedlichen Bedingungen, die aufgezeigt wurden, verinnerlichen und sie in uns zu einer offenen, erwartungsfrohen Haltung werden lassen, ist viel gewonnen. In den Herzseminaren wird über das wiederholte Einladen von Herzqualitäten eine segensreiche Haltung kultiviert. Indem wir uns immer wieder erneut mit Mitgefühl, Vertrauen, Mut und radikaler Präsenz verbinden, formt sich in den jeweiligen Individuen ein weiter Herzraum.

Der eigene Blick auf die Welt wird dann freier, die Wahrnehmung entfaltet eine größere Klarheit, das Handeln entspringt eigenen Bewegungen und nicht denen, die von den Vorfahren übernommen worden sind. Der Körper schwingt leichter. Gleichzeitig entsteht eine Energie der Dankbarkeit gegenüber den Ahnen, die aus sich selbst heraus Vergebung kultiviert. Die Vorfahren werden aus jeglicher Klage entlassen, und die Individuen erfahren in sich eine neue Form der Souveränität und schlussendlich Selbstliebe. *Sie werden vom Opfer zum Schöpfer.*

So leicht das beim Lesen erscheinen mag, so herausfordernd ist die Umsetzung in die Realität. Vertiefen wir die Bewegung um eine weitere Ebene: In unseren Körpern sind nicht nur die Erinnerungen des Clans gespeichert, die uns dienen mögen oder nicht, sondern auch die Erfahrungen all unserer vorherigen Leben, ob uns dies bewusst ist oder nicht. Was ist, wenn du in einem deiner vorherigen Leben eine Opfererfahrung gemacht hast, die so traumatisch war, dass du als Seele nicht mehr weißt, wie du dieses Geschehen jemals loslassen kannst? Wie findest du von dort in dein Schöpfer-Sein?

Montsegur – Berg der Seelentränen

Ich bin mit einer Seminargruppe unterwegs in den Pyrenäen. Mit einem Retreat-Center als Ausgangspunkt wandern wir auf den Spuren der Maria Magdalena und erkunden Höhlen, Kirchen, Kraftplätze und Labyrinthe in einer faszinierenden Natur in Südfrankreich. Gleichzeitig ist dieser Landstrich um Rennes-Le-Chateau das Land der Katharer. Die Katharer waren eine christliche Bewegung im 12. bis 14. Jahrhundert. Sie wurden die »Reinen« genannt (Katharsis) und bezeichneten sich als »Freunde Gottes«. Ihre einfache, gnostische Art, friedfertig zu leben und ihren Glauben zu praktizieren, wurde von der katholischen Kirche nicht akzeptiert, und die gesamte Katharer-Bewegung wurde auf kirchlichen Befehl innerhalb von zwei Jahrhunderten niedergemetzelt und nahezu ausgelöscht. Die Bergfeste Montsegur war einer ihrer Rückzugs- und Schutzorte. In den Jahren 1243/44 hatten die Truppen des Papstes mit 10 000 Rittern die Festung umzingelt. Nach zehn Monate dauernden Kämpfen kam es zu Übergabeverhandlungen. Die Katharer wurden vor die Wahl gestellt, entweder ihrem Glauben abzuschwören oder auf dem Scheiterhaufen zu verbrennen. Die Katharer handelten zwei Wochen Zeit aus und waren bereit, die Festung freiwillig aufzugeben, um in den sicheren Tod zu gehen. In diesen beiden Wochen bereiteten sich oben auf dem Monsegur Männer, Frauen und Kinder durch Gebet, Meditation und Zeremonie darauf vor, singend in den sicheren Feuertod zu gehen, was schlussendlich auch geschah. Alle 244 Katharer kamen auf entsetzliche Art und Weise ums Leben.

Stell dir einmal vor, du wärest dabei gewesen. Du gehst diesen Berg hinunter, vielleicht mit deiner vierjährigen Tochter an der Hand, die gar nicht begreift, was gleich passieren wird. Du hast Gott von Herzen geliebt, niemandem etwas zuleide getan und siehst jetzt deine Frau oder deinen Mann, Tochter, Bruder, Seelengefährten, einfach alle auf diese entsetzliche Art und Weise umkommen. Und das Letzte, was du siehst, ist das Gesicht des Generals, der das grausige Geschehen angeordnet hat. Dann stirbst du.

Was machst du mit so einer Erfahrung in deinen nächsten 20 Leben? Jagst du die Seele des Generals rund um den Erdball, um ihm das Gleiche zuzufügen? Das würde der Emotionalkörper wollen. Dieser Schmerz ist zu groß, um ihn zu verarbeiten. Nur würdest du dann nicht selbst zum General? Du würdest das Alte Testament leben: Auge um Auge, Zahn um Zahn. Angenommen, du würdest erkennen, dass dies kein guter Weg ist. Wie könntest du den Opfer-Täter-Kreislauf verlassen? Opfer in dem einen Leben, Täter im nächsten? In den Bewusstseinsschulen kultivieren wir den Weg vom Opfer/Täter zum Schöpfer und nicht vom Opfer zum Täter.

Eine Teilnehmerin des Retreats träumt hierzu einen großen Seelentraum:

Ich befinde mich auf Montsegur und gehe, in Weiß gekleidet, den Berg hinunter auf die Festwiese mit den Scheiterhaufen. Die Schmerzen durch die Flammen sind unerträglich, und nicht nur meine Person, meine ganze Seele schreit. Plötzlich taucht mitten in der Landschaft Maria Magdalena auf. Überdimensional groß wie ein Berg, als eine Gottheit, und saugt die gesamte Szenerie in ihren Bauchnabel hinein. Die Sterbenden, die Mörder, die Opfer, die Täter, die Schaulustigen, wir alle werden von diesem Strudel mitgerissen. Im nächsten Moment bin ich in einer ägyptischen Pyramide und stehe vor der Göttin Maat. Sie hält mir ihre Waagschale hin, und ich soll auf die eine Seite der Waagschale mein Herz legen. Auf der anderen Seite liegt ihre Feder. Die Prüfung ist: Mein Herz muss leichter sein als diese Feder. Weder Kummer,

Gram, Groll, Reue, Schmerz oder Klage dürfen auf ihm lasten. Mein Herz ist so schwer von dem erlittenen Schmerz, dass die Waagschale sofort sinkt. Im nächsten Moment werde ich in einem atemraubenden Tempo in meine nächsten Leben hineinkatapultiert. Ich sehe mich wie im Zeitraffer immer wieder in den unterschiedlichsten Mysterienschulen des Mittelmeerraumes inkarnieren, dort heranwachsen, meinen Weg zu Gott suchen, sterben und wieder vor Maat treten. Jedes Mal sinkt die Waagschale, und der Vorgang wiederholt sich, vielleicht 20- bis 30-mal. Erst dann ist es erlöst. Ich habe wieder ein Leben, sterbe, trete vor sie, und diesmal ist das Herz leichter als die Feder. Im gleichen Moment werde ich in ein gleißend helles Licht katapultiert und wache auf.

Bewusstsein zuerst

Die Verbindung zwischen Körper und Seele durch die Zeiten hindurch ist ein von der Menschheit noch nicht gelöstes Mysterium. Träume, Ahnenheilung, die Biografie unseres jetzigen Lebens, Erlebnisse der Geistheilung führen uns wieder und wieder an den gleichen Ausgangspunkt: Der Körper ist extrem vorkodiert und gleichzeitig durch unser Bewusstsein beeinflussbar. Er ist in der Lage, Selbstheilungskräfte zu aktivieren, neue neurochemische Portale zu öffnen und Gene an- und auszuschalten. Das Bewusstsein, in dem wir uns primär aufhalten, gibt die Körperlichkeit vor. Wenn wir jetzt mit unserem »alten« Körper ein neues MOMENTUM kreieren wollen, stößt diese Bewegung sofort an ihre Grenzen. Daher ist die Praxis von herzzentrierten Meditationen eine große Hilfe, um im Körper zu verweilen und präsent zu bleiben. Es gibt sicherlich viele Menschen, die denken: Wieso? Ich bin doch hier in meinem Körper, wo sollte ich denn sonst sein? Gegenfrage: Bist du dir da ganz sicher? Meine Person hat bis vor einigen Jahren ähnlich gedacht, bis es im Zuge einer Meditation auf Hawaii zu einer speziellen Erfahrung kam, die eine neue Wahrnehmung einleitete:

In einer sehr tiefen Meditation schaue ich in einem bestimmten Moment nach unten und stelle fest: Ich stehe ja auf dem Kopf von jemandem. Dann sehe ich genauer hin: Das bin ich ja selbst! Ich stehe auf dem Kopf von mir selbst. In der Mitte des Kopfes, ganz oben am Schädel, nehme ich ein kleines schwarzes Loch wahr und denke: Was ist das denn? Ich schaue es mir von oben ganz genau aus der Nähe an und blicke in die Mündung eines Revolvers, der sich mit dem Lauf nach oben im Schädel befindet. Ich denke: Das gibt es doch gar nicht. Ich habe ja einen Revolver im Kopf! In ebendiesem Moment der Wahrnehmung schwebt der Revolver aus dem Kopf nach oben heraus, und es folgen weitere Dinge. Als Nächstes ein Gebetbuch, dann wieder eine Waffe, es folgen ein Rosenkranz, ein Panzer, eine tibetische Gebetsflagge. Sich permanent abwechselnd verlassen jeweils eine Waffe oder ein spirituelles Symbol den Kopf. Mönch, Krieger, Mönch, Krieger, Mönch, Krieger ... bis der ganze Körper irgendwann leer ist. Ich verfolge dies mit dem größten neutralen Interesse, und als er leer ist, denke ich: Dann könnte ich ja jetzt in mir selbst Platz nehmen und lasse mich von oben sanft in meinen eigenen Körper hineinschweben. Das neue Körpergefühl ist unbeschreiblich: Ich bin ganz da ... vollkommen präsent in mir ... und von Glück beseelt ...

Für mich war diese außergewöhnliche Erfahrung in mehrerlei Hinsicht sehr lehrreich. Zunächst zeigt sie meine eigene Verstrickung in einen Opfer-Täter-Kreislauf über viele Leben auf. Erst wenn diese polare Bewegung samt ihrer Symbole endet und eine Leere entsteht, kann die Seele ihren Platz ganz einnehmen. Es geht so lange zwischen Mönch und Krieger hin und her, bis die Energien gelöst sind und den Körper verlassen. Der Witz an der Sache ist: Wenn du mich vorher gefragt hättest, ob ich glaube, ganz in meinem Körper zu sein, hätte ich dies in jedem Fall bejaht, da ich ein gutes Grundgefühl habe. Dennoch war ich nicht wirklich ganz in meinem Körper. Mittendrin. Ich konnte das neue Körperbewusstsein gar nicht kennen, weil ich es vorher noch nicht wahrgenommen habe.

Das Gleiche erlebe ich bei Kursteilnehmern. Bei entsprechender Offenheit sind wir in der Lage, uns selbst, unsere Körperlichkeit und das Wechselspiel zwischen Körper und Seele, Geist und Materie auf eine neue Weise wahrzunehmen. Denk zurück an die Bestsellerautorin und spirituelle Lehrerin, die über ein Taufritual den Weg zu ihrer Krebsheilung findet. Wir können das anhand meiner eigenen Erfahrung geschilderte Erleben auch als eine Wahrnehmung des Zweiten Körpers sehen, der sich mit dem Ersten Körper verbindet. Gelingt es, in das Bewusstsein des Zweiten Körpers hineinzugehen, befinden wir uns in einem Schöpfungsraum, der den Ersten Körper massiv beeinflusst.

Im MOMENTUM MASTERY geht es nicht primär um Selbstheilung, sondern um das Schöpfen einer neuen Lebensrealität in den unterschiedlichen Bereichen von Gesundheit, Beziehung, Beruf und schlussendlich um den Einklang mit dem eigenen Seelentraum. Dafür brauchen wir eine neue Form der Wahrnehmung und der Selbstliebe.

Das Ein- und Ausladen von Archetypen

Werfen wir einen kurzen Blick auf die Welt der Archetypen, die ja auch transpersonale Kräfte sind, um eventuelle Verwechslungen mit der Kreation des MOMENTUMS zu vermeiden. C. G. Jung beschreibt Archetypen als große Ansammlungen von Energie. Wenn wir uns zum Beispiel mit dem Archetypen des Kriegers verbinden, stehen uns seine Kräfte zur Verfügung. Wir ziehen in den Krieg oder in ein Football-Match, und der Archetyp wirkt durch uns hindurch. Er gibt uns von seiner Kraft. Die Adrenalinwerte werden gepuscht, fast schmerzfrei berserkern wir uns durch Flur und Feld und erfüllen die jeweilige Aufgabe. Die große Frage, die sich stellt, ist jedoch: Und danach? Können wir uns auch ausloggen? Hat der Archetyp uns oder wir ihn? Archetypen sind transpersonale Kräfte, die häufig zur Potenzierung von Energie herangezogen werden. Ich möchte deutlich machen, dass die Kreation des MOMENTUMS eine innere Bewegung ist, die darüber hinausgeht.

Stell dir einmal Folgendes vor: Du bist darauf bedacht, ein glückliches Leben zu führen, du hast einen weiten, brillanten Geist und weißt um den Wert des Friedens. Dennoch zündelt es gleichzeitig an jeder Ecke in deinem Leben, egal ob beruflich oder privat. Du gerätst überdimensional häufig in Streit mit Partnern, Vorgesetzten, Mitarbeitern, Vermietern, Hausmeistern, Ordnungskräften etc. Etwas in dir ist die ganze Zeit im Krieg, ständig auf der Hut, bereit zum Kampf. Dies ist weder gut noch schlecht, es ist einfach. Irgendwann stellst du fest, dass du ein anderes Leben möchtest, und dennoch passiert das oben Genannte immer wieder. Eine Kursteilnehmerin träumt dazu einen Traum. Ich lasse immer wieder Träume in dieses Werk einfließen, da sie in direkter, bildhafter Art und Weise die Wahrheit der tiefen Schichten der Psyche offenlegen. Sie träumt diesen Traum zunächst wie einen Action-Thriller. Kriegerinnen und Krieger lieben so etwas.

Sie ist Agentin und fährt mit einem Partner in ein dunkles Parkhaus, um ein paar finstere Gestalten »auszuchecken«. Doch die zu Checkenden bemerken dies. Jetzt checken die Gecheckten die Checker und beginnen, sie und den anderen Agenten zu jagen. Nach einer ereignisreichen Flucht über mehrere Stationen landet sie irgendwann allein auf dem Dach eines Hochhauses und sitzt auf dem Rand des Daches. Neben ihr ist plötzlich ihr spiritueller Lehrer. Er schaut erst sie an, dann auf ihren Bauch und fragt: »*Wollen wir uns denn jetzt mal dem Bauch zuwenden?*« *Sie ist unschlüssig und zögert. Er fragt:* »*Vertraust du mir?*« *Sie überlegt. Er fragt erneut:* »*Vertraust du mir?*« *Schließlich antwortet sie:* »*Ja, ich vertraue dir.*« *In dem Moment packt der Lehrer sie, hält sie über den Abgrund und schüttelt sie durch. Sie schreit voller Panik. Durch das Schütteln beginnt ihr Bauch, sich immer mehr zu wölben, und platzt auf. Heraus schwebt ein schwarz gekleideter Ninja-Krieger, der in der Luft vor ihr stehen bleibt, sich noch einmal zu ihr umdreht, eine Verbeugung andeutet und dann in das Universum entschwindet. Der Lehrer hebt sie wieder auf das Dach. Der Bauch ist in Ordnung, und sie fühlt eine Welle nie gekannten Friedens durch sich hindurchströmen.*

Es ist müßig zu spekulieren, wie viele Leben dieser Ninja als Archetyp die Seele schon begleitet. Entscheidend ist vielmehr:

Was wünscht die Seele jetzt?

Wie in der zuvor geschilderten Meditationserfahrung verlässt in diesem Traum eine Energie den Körper, und erst danach kommt es zu einem Erleben transpersonaler Kräfte in einer Dimension jenseits der archetypischen Energien. Wenn wir den Traum als ein inneres Geschehen betrachten, dann wäre der Lehrer die geballte spirituelle Kraft. In dem Moment, in dem wir uns ihr anvertrauen, stößt sie auf Hindernisse und Blockaden in uns. Wir werden durchgerüttelt und durchgeschüttelt. Diese Bewegung setzt die alten Energien in uns frei und schafft Raum für ein neues Erleben. Der Lehrer, das heißt die geballte spirituelle Kraft, geht in direkten Kontakt mit allem Unerlösten in uns und kreiert eine lösende, heilende Bewegung.

Diesen Raum *dahinter* zu erspüren und einen Zugang dazu zu bekommen, stellt eine der großen Herausforderungen des MOMENTUM MASTERY dar. Er umfasst die tieferen Schichten der Psyche und durchwirkt sie gleichzeitig. Ich nenne ihn den *Raum der Räume,* in dem Ent-stehen und Ent-werden sich ereignen. In dem Teile unseres Seins in den Vordergrund oder Hintergrund treten. Sind wir in der Lage, diesen Raum bewusst zu erfahren, können wir mit unserer Schau in diesem Raum lenken und navigieren, welche Teile unseres Selbst durch unseren eigenen Fokus eine größere Wahrscheinlichkeit bekommen, Wirklichkeitstiefe zu erlangen. Die Schöpfungsschlüssel schlummern in unserem eigenen Bewusstsein. Wir müssen sie nur in uns erwecken und vermeiden, uns zu sehr polar zu identifizieren. Dies erfordert einen umfassenden Perspektivwechsel, der rein theoretisch zu vermitteln ist, doch seine wahre Stärke erst dann erlangt, wenn es dazu eine Referenzerfahrung gibt. Wir brauchen ein Bewusstsein von Räumen, Frequenzen und Schwingungen.

Gleichzeitig können wir diesen Raum nur dann in seiner Tiefe erleben, wenn wir alle Anteile unserer tiefen Psyche in Liebe schauen – die guten Anteile, die bösen, die hässlichen – und sie mit unserem Herzen umfassen. Der Herzraum bildet dabei das Fundament jeglicher Schöpfung. Er ist ein heiliger, heilender Raum. Er ermöglicht das Ein- und Ausladen der archetypischen Kräfte. Laden wir den Archetyp des Heilers oder spirituellen Kriegers auf einer solchen Grundlage ein, verbinden sich dessen Kräfte mit uns in einer ungleich stärkeren Form. Und hier gilt: Das Herz meistert die Archetypen. Und es gilt nicht wie so häufig: Der Archetyp kontrolliert die Person. Diese Unterscheidung ist ungemein wichtig, um nicht den Tendenzen des Ego anheimzufallen, das glaubt, man sei der Archetyp, und sich damit identifiziert. Es ist ein großer Unterschied, ob man den Archetypen des Heilers einlädt, mit seiner Hilfe heilt und ihn dann auch wieder gehen lassen kann oder ob man lebenslang von ihm erfasst ist. Es ist eine Sache, die archetypische Heilkraft von Jesus einzuladen und durch sich durchfließen zu lassen, und eine zweite, zu glauben, man sei Jesus der Christus.

In der amerikanischen Psychiatrie gab es einst das Experiment mit den »drei Jesussen«. Drei Männer, die alle von sich glaubten, sie seien das »Zweite Kommen«, wurden über längere Zeit in einen Raum gesperrt. Man wollte beobachten, ob der »richtige« Jesus sich durchsetzt und die beiden anderen vielleicht sogar zu Jüngern macht. Das voraussehbare Resultat dieser etwas zynischen Vorgehensweise: Alle waren gefangen in der Perspektive ihres Archetypen. Jeder der drei hielt auch nach langer Zeit die beiden anderen für verblendete Volltrottel und sich selbst für den Gesalbten. Dies soll deutlich machen, wie sehr eine Heilung mit transpersonalen Kräften eine gleichzeitige Herzensbildung braucht, welche klar differenzieren kann zwischen den Zugkräften des Ego und den Wirkkräften der Seele. Das Leuchtende Herz kann abschätzen, ob wir getrieben oder gerufen sind. *Driven or called.* In dem ersten Fall erliegen wir einer inflationären Identifizierung, im zweiten leuchtet die Kraft unserer Seele durch uns hindurch.

Der Raum der Räume

Der Raum der Räume öffnet sich, wenn du den Raum in dir erkennst – wenn dir bewusst wird, dass alles, was du bist, einen Raum hat. So wie jeder deiner Körperteile einen Raum hat, der ihn umhüllt, hast du selbst als Person einen Raum, der dich umgibt und gleichzeitig durchwirkt. Der geforderte Perspektivwechsel braucht ein Heraustreten aus dem Vordergrund des Seins zurück in den Schöpfungsgrund, in dem dein Leben sich ereignet, in den Hintergrund, durch den dein Schicksal sich gestaltet. Aus diesem Raum heraus kannst du dein Leben neu choreografieren. Dein

Körper trägt vielleicht schon lang sehr schwer an seinem alten Sein, doch hält er stets fest an dem, was er erfahren hat. Waren es Zweifel, Kummer, Sorge, Gram, Entsetzen, Angst, Schuld, so wünscht er diesen Stoff erneut.

Im Raum der Räume braucht es diesen Bruch mit unserem alten Leben. Es erfordert die ganze Kraft des Geistes und der Seele, und der Körper mag uns darauf zunächst Krieg und Schmerz erklären, das wird aber nicht von Dauer sein. Dieser Punkt ist essenziell: Wann immer Menschen eine tiefe Transformation erleben, gibt es eine Gegenbewegung des Körpers – nach der Transformation oder sogar schon davor –, sodass wir uns gar nicht erst in eine Erfahrung hineintrauen, um vorübergehendes Unwohlsein zu vermeiden. An dieser Stelle ist die Courage gefordert, der eigenen Seelenbewegung zu vertrauen und die Reaktion des Körpers als temporäre Erfahrung zu sehen.

Im Raum der Räume können wir die alten Unterprogramme sterben lassen und uns gleichzeitig neu ausrichten. Die hohe Schwingung dieses Raumes ist in der Meditation zu erreichen. Gleichzeitig rüttelt und schüttelt sie an den alten Festen des Körpers, was oben hinreichend beschrieben wurde. Wenn wir in diesem Raum unsere Seelenabsicht erneut schauen, vielleicht in einem noch nie wahrgenommenen Bild, wird sie im Raum der Räume zur Gegenwart, und wir werden eins mit dieser Schau. Unser Herz vermag dann dieses Bild, wenn wir es uns täglich in das Bewusstsein rufen, in die Welt »hineinzuvibrieren«. Es ist eine Art Broadcast-Station in der Mitte der Brust. Die alten Meister haben ihr Herz auf eine ähnliche Weise genutzt. In ihren Höhlen, Einsiedeleien, Wüsten, auf ihren Bergen und Inseln bildeten sie einen Ring von Liebessatelliten rund um die Erde und speisten ihr Bewusstsein in das Herz unserer Welt, das *Global Heart*.

Der Aspirant heute steht vor der Herausforderung, die Energie des Raumes der Räume im Alltag nicht zu vergessen. Die komplette Tieftrance-Schwingung aufrechtzuerhalten ist in unseren modernen Arbeitswelten nicht möglich, also brauchen wir Brücken, Reminder, Impulsverstärker, die diesen Inhalt in der dreidimensionalen Realität am Leben erhalten. Je mehr wir uns einer täglichen Meditation verschreiben, seien es auch nur 20 Minuten jeden Morgen, desto klarer können wir aus dem Raum der Räume in den Tag hineingehen und eine neue Energie in unser Leben bringen. Und diese wiederum am nächsten Morgen nähren. *Energie folgt der Aufmerksamkeit.* Wieder und wieder gelten die zeitlosen Weisheiten. Wenn wir unser MOMENTUM kraftvoll zu manifestieren wünschen, brauchen wir die Kenntnis und Anwendung der uralten Energiegesetze.

Der Raum der Räume findet dich,
wenn du den Raum in dir erweckst.

Das MOMENTUM MASTERY, wie wir es bis hierher kennengelernt haben, lässt sich folgendermaßen zusammenfassen:

1. Finde deinen Traum
2. Folge deinem Ruf
3. Bilde dein Gefäß
4. Fülle es mit Energie
5. Zünde den Funken
6. Verbinde dich auf allen Ebenen
7. Sei existenziell berührbar
8. Werde zum Gebet
9. Nimm die Herausforderung an
10. Knack den Körpercode
11. Wirke aus dem Raum der Räume

7
Sacred Commitment – finde dein Herzfeuer

Entscheide, was das Leben dir bringen soll.
Entscheide, wie das Herz neu klingen soll.
Entscheide, wer mit dir dein Leben teilt.

Entscheide, was höchsten Wert für dich hält.
Die Zukunft, das Schicksal von morgen,
sie ist in deiner Entscheidung verborgen.

Entscheide, entscheide, entscheide ...

Es gibt ein uraltes Teaching, das ich gerne auf den Herzseminaren teile:

Drei spirituelle Sucher durchstreifen den Himalaja, weil es in einem der entlegenen Hochtäler einen Meister geben soll, der den Schlüssel zur Erleuchtung besitzt. Sie suchen ihn Jahr um Jahr und können ihn auf ihrer strapaziösen Reise nicht finden. Einem der Sucher ist ein Fuß abgefroren, dem zweiten eine Hand, dem dritten ein Ohr. Irgendwann nach sieben langen Jahren finden die drei ausgemergelten Gestalten schließlich den Meister, halb nackt vor seiner Hütte sitzend und bei eisigen Temperaturen fröhlich »tummo« praktizierend, eine uralte Technik, um mithilfe von psychischer Hitze Schnee zu schmelzen. Sie nähern sich dem Meister mit großem Respekt und bringen ihr Anliegen vor. Sie haben nur eine einzige Frage: »Was ist der direkteste und schnellste Weg zur Erleuchtung?« Der Meister lacht glucksend und antwortet mit zwei Worten: »Gute Entscheidungen!« Die drei schauen sich verdutzt an. Der Erste ohne Fuß, der Zweite ohne Hand, der Dritte ohne Ohr. Sie denken sich: »Wie? Dafür sind wir den ganzen Weg gegangen? Für diese Antwort?« Nun wollen sie es genauer wissen und stellen eine zweite Frage: »Wie kann man denn lernen, gute Entscheidungen zu treffen?« Der Meister lacht erneut glucksend und antwortet wieder in drei Worten: »Durch schlechte Entscheidungen!«

Auf spirituellen Wegen vergessen viele Praktizierende manchmal, dass Selbstverantwortung eines der höchsten Prinzipien ist. Wenn wir unser Schicksal selbst gestalten wollen, um das MOMENTUM des eigenen Herzens in die Welt zu bringen, geht es darum, Entscheidung um Entscheidung zu treffen. Sich zu trauen, nicht zu zaudern. Darauf zu vertrauen, dass die tägliche Herzmeditation hilft, die Entscheidungen in Einklang mit der Seele zu treffen. Und wenn eine Entscheidung einmal nicht funktionieren sollte, dann erfolgt eben sofort eine Kurskorrektur und das Treffen einer neuen Entscheidung. Spiritualität ist kein Weg der Entscheidungslosigkeit, sondern einer der unmittelbaren Entscheidungen. Es ist ein Weg, in dem wir bereit sind, tausendmal unsere Angst wahrzunehmen und ihr doch nicht zu folgen, sondern auf die höhere Liebe des Herzens in uns zu vertrauen. Dieser Liebe, die aus dem Höheren Selbst fließt, zu antworten, ist *Selbst-Verantwortung* im ureigentlichen Sinne.

Die radikale Präsenz der Mystiker

Um solche unmittelbaren Entscheidungen zu treffen, bedarf es eines Bewusstseins, das darauf trainiert ist, nicht zu reagieren. Wir werden immer wieder an Punkte in unserem Leben gelangen, wo wir re-agieren, und das ist auch nicht weiter schlimm. Du siehst an meiner eigener Person, wie ein spiritueller Lehrer reagiert, wenn ein Krampus vor ihm steht … Doch das Entscheidende ist: Was passiert danach? Kehrst du in deine Präsenz zurück, oder bleibst du in einer fixierten Wahrnehmung stecken?

Die große Herausforderung auf den mystischen Wegen liegt darin, einerseits mit ganzem Herzen in der Polarität zu leben, in *dieser* Welt zu dieser Zeit, und im gleichen Moment ein zeitloses, kosmisches Bewusstsein aufrechtzuerhalten. Weder sich in der Einsiedelei zu verlieren noch auf dem Marktplatz, sondern in der Lage zu sein, mit dem eigenen Bewusstsein die Gegensätze zu umfassen. Radikale Präsenz heißt zu erkennen, wann wir in die Wertung fallen, wann wir uns in der Projektion verlieren und wann wir nicht unserer inneren Stimme folgen, und aus dieser Erkenntnis heraus eine Bewegung zur Mitte hin zu machen, in das eigene

Herz. Der Fokus auf das Herz hat einen besonderen Vorteil. Jeder mystische Weg braucht eine Metapher, um sich mit der Energie hinter dem Bild zu verbinden. Selbst die »Leere« zum Beispiel ist ein Bild, über das sich bestimmte Zen-Wege mit einer Ebene des All-Eins-Seins verbinden. Ebenso die Rose, die Sonne, die Blume des Lebens, die Heilige Geometrie etc. Der Vorteil der Fokussierung auf das Herzzentrum ist, dass es mehr ist als nur eine Metapher. Es ist eine erlebbare Realität. Es erlaubt das gleichzeitige Wahrnehmen der Körpermitte inmitten aller Verwicklungen. Es stellt das fühlbare Ende aller Abwehrmechanismen dar, die Quelle der individuellen und göttlichen Liebe sowie das unmittelbare In-Verbindung-Gehen mit der Essenz des Lebens in uns und um uns herum, ob in dem Herzen eines Tieres, einer Blume, eines Steins oder Sterns. Das Herz lernt durch Berührung. Es schließt nichts aus. Wer nur ein einziges Mal auf seiner Lebensreise das Herz in seiner ganzen Tiefe erlebt, ist für immer verwandelt. In den Upanischaden heißt es:

Wenn alle Knoten im Herzen durchschlagen sind,
dann wird ein Sterblicher unsterblich.
(*Katha Upanishad*)

Oder:

Das selbst-leuchtende Wesen, das sich im Lotus des
Herzens aufhält, umgeben von den Sinnen und Sinnesorganen,
dieses Wesen ist das Licht der Intelligenz.
(*Brihadaranyaka Upanishad*)

Wir können Mysterienschule um Mysterienschule abklopfen, Weg um Weg, im innersten Kern all dieser Pfade werden wir eine intensive Hinwendung und Kultivierung des Herzzentrums finden. Wahre Präsenz ist nur mit dem Herzen möglich.

Um diese Art und Weise, aus dem Herzen zu entscheiden, geht es im MOMENTUM MASTERY. Präsent aus der existenziellen Mitte heraus und nicht aus den reaktiven Teilen unserer selbst. Ein absolutes Tabu wäre es, in Momenten kreativ zu werden, in denen wir wütend auf jemanden sind. Vielmehr geht es darum, die Angst vor falschen Entscheidungen loszulassen und im besten Sinne lieber eine Entscheidung mehr als eine zu wenig zu treffen. Auch hierbei hilft uns das Herz, denn es lehrt uns eine Selbstliebe, zu der der Verstand nicht ausreichend fähig ist. Selbstliebe heißt, wie oben gesagt, alle Teile des eigenen Seins zu lieben. Dazu gehört insbesondere das eigene Nicht-perfekt-Sein: die Schönheit gerade im nicht Perfekten zu schätzen. Dies führt uns direkt aus den wertenden und vergleichenden Instanzen in unser Herz hinein. Wir erlangen etwas zurück, was wir vielleicht in dieser Tiefe noch nicht oder selten gespürt haben:

ursprüngliche Gestaltungsfreude.

Entscheidungen freudvoll zu treffen und es zu unserer zweiten Natur werden zu lassen, viel, häufig und – wie wir vom Meister aus dem Himalaja gehört haben – möglichst gut zu entscheiden, führt uns in unsere Kraft. Wer sich als Opfer der äußeren Umstände sieht, gibt seine Entscheidungskraft ab. Wer ständig konform läuft und mit dem Strom schwimmt, ebenfalls. Entscheiden heißt, die Richtung selbst festzulegen. Diejenigen, die das dritte Schicksal anstreben, ein bewusstes und gestaltetes Leben in Einklang mit der Seele, das ein eigenes MOMENTUM entwickelt, sind gefordert, über den Status quo hinaus zu entscheiden. Wir sind gefordert, ein Bewusstsein über die Räume zu entwickeln, aus denen heraus wir tagtäglich entscheiden. Das ist möglich über ein Training, das den Umgang mit transpersonalen Energien lehrt, Ängste nimmt und Vertrauen nährt.

Der Raum, aus dem wir entscheiden

Gehen wir in einer Tieftrance-Meditation in den Raum der Räume und geben dort einem bestimmten Gedanken oder Seelenbild unsere Aufmerksamkeit und einem anderen nicht, so entscheiden wir über unser Schicksal. Das eine Bild bekommt Wirklichkeitstiefe, das andere nicht. Die Menschheit befreit sich zu diesem Zeitpunkt weltweit von uralten Ketten, Codierungen, Fixierungen. Die Schleier zwischen sichtbaren und nichtsichtbaren Ebenen von Wirklichkeit werden dünner, die Grenzen zwischen dem Ersten und dem Zweiten Körper fließender.

Es gibt Entscheidungen in unserem Leben, die wir durch besondere Zeremonien zu stärken suchen. Eine Hochzeit stellt so etwas dar: die Entscheidung, bei der zwei Seelen ihre Wahrheit vor der jeweiligen Gruppe bekunden und der Segen des Universums ganz bewusst eingeladen wird. Eine Herzensentscheidung, die transpersonale Unterstützung erfährt.

Im MOMENTUM MASTERY geht es darum, sich mit seiner eigenen Vision zu verheiraten. Die Zukunft in die Gegenwart zu holen und sich gleichzeitig das Universum zum Freund zu machen, das heißt, transpersonale Kräfte einzuladen, die diese Hochzeit unterstützen. Menschen sprechen seit Urzeiten Dinge, Orte oder Menschen heilig. Das kann ein schwarzer Stein in Mekka sein, eine Christus-Statue in Rio de Janeiro, eine Wolkenstadt auf dem Machu Picchu, ein Heiau auf Hawaii, eine Grotte in Lourdes, eine Kapelle, eine Quelle, ein Buch ... Die Liste ist endlos. Wichtig ist: Das Heilige entsteht durch die Zuordnung des Bewusstseins. Was für das eine Bewusstsein heilig ist, muss es für das andere noch lange nicht sein.

Heilige deinen Traum

Im MOMENTUM MASTERY stehen wir an einer Stelle vor der Herausforderung, den eigenen Traum heiligzusprechen. Selbst den Traum zu heiligen. Nicht den von jemand anderem, sondern den großen Traum der eigenen Seele, die höchste Absicht in diesem Leben. Die Beziehung zwischen dir und der Quelle aller Energie, zwischen dir und Gott, dir und dem Universum, wie auch immer du es zu fassen vermagst, ist extrem persönlich. Es geht um deinen ureigenen inneren Zugang zu einem Raum höchsten Seelenbewusstseins, in dem sich dieser Traum befindet. Und gleichzeitig erfordert der Prozess ein heiliges Versprechen, ein SACRED COMMITMENT, um sich selbst gegenüber dafür einzustehen. Wir brauchen dieses Commitment unbedingt, dieses Einstehen für die Größe des Traums.

Energie folgt der Aufmerksamkeit.

Und der Lebenstraum braucht Aufmerksamkeit. Wenn Bewusstsein durch Zuordnung heiligt, sollten wir diese Energie dem eigenen Lebenstraum auf jeden Fall zukommen lassen.

Wenn du deinen eigenen Traum heiligst, dann rührt deine Haltung die Götter, und sie fangen an, ihn zu weben und etwas von ihrem Licht dazuzugeben. Es ist die Rückverbindung mit einer ewigen Flamme, die in uns brennt, in jedem Einzelnen von uns, sie ist nur überdeckt von vielerlei Schichten. Wirkliche Selbstverantwortung bedeutet, dem eigenen Selbst auf die höchstmögliche Art und Weise zu antworten. Dem Traum der Seele einen neuen Raum in sich zu geben, einen heiligen Raum im eigenen Herzen. Dort, wo wir uns mit Gott verbinden. Wir müssen unserem eigenen Herzen die Kraft geben zu entscheiden. Wir sind gefordert, uns zu verbinden mit heiligem Feuer! Das ist keine Flamme außerhalb von uns, sondern das zentrale Licht der eigenen Seele.

Wenn es zusätzlich gelingt, dieses Licht, geschaut von Heiligen und Heilen, von Liebenden, die ihr Leben teilen, in Kopf und Herz zugleich weilen zu lassen, dann ist der Verwirklichungskraft deines Traumes keine Grenze mehr gesetzt. Das heilige Feuer und Herzversprechen wird dich durch alle Untiefen hindurchtragen. Die Aufgabe des Einzelnen ist es, das Herzfeuer Tag um Tag zu nähren. Es brennen und strahlen zu lassen. Es schöpfen zu lassen aus sich selbst heraus. Sein Licht schwingt extrem hoch und enthält die Kraft, zu verwandeln und mühelos aus der Mitte des Wesens heraus zu handeln. Durch die Heiligsprechung des Seelentraumes und die Stärkung der Glaubenskraft kommst du den Göttern auf halber Strecke entgegen. Das Eintrittsticket für eine Erfahrung der Superkräfte des Universums ist das eigene Herz, das du freudvoll erstrahlen lässt.

Experiment 8

Entwickle ein Ritual, um deinen Traum zu heiligen.

Glaube, Hoffnung, Liebe

Warum diese Prinzipien so wichtig sind, wird deutlich, wenn wir sie als Bausteine der Manifestation begreifen. Vertiefen wir diese Bewegung und verdeutlichen sie aus einer mystischen Perspektive an einem bekannten Bibelwort:

> *Nun aber bleibt uns Glaube, Hoffnung, Liebe – diese drei ...*
> *Aber die Liebe ist die größte unter ihnen.*

In diesem Wort sind drei kraftvolle universelle Schöpfungsschlüssel verborgen: Glaube ist ein *Ankommen im Sein*. Es ist kein Angekommen-Sein. Wir sind noch nicht ganz da, wo wir hin möchten. Und doch gibt es eine untrügliche Wahrnehmung des Weges, der zu gehen ist. Wir beginnen, eine Führung in uns zu spüren, die uns rückerinnert durch Träume, Intuitionen und Geistesblitze. Woran? Daran, dass wir mehr sind als nur ein Körper, dass wir mehr sind als nur ein Name. Der Glaube ist wie ein Licht, das unserer Seele und helfenden Wesen ermöglicht, uns aus der Ferne klar zu sehen, mit uns zu gehen und bei uns zu stehen. Unsere Glaubenskraft, gestärkt durch ein heiliges Versprechen, ist wie die eine Hälfte des Weges, den wir im vollsten Vertrauen gehen. Die andere Hälfte kommt uns das Universum entgegen. Die Tiefe des Glaubens zeigt jeder Umgebung: Hier ist jemand bereit. Hier ist ein Gefäß, durch das Energie fließen kann. Hier ist jemand bereit, eine Flamme zu entzünden, die ein Leben lang brennt.

Hoffnung ist das *Schöpfen aus dem Sein*. Wir geben unseren Gedanken Form und Richtung. Glaube fühlt, Hoffnung denkt, Liebe lenkt. Wir hoffen auf ein bestimmtes Resultat. Gedankenvielfalt bündelt sich zu einem gerichteten Strahl des Schöpfens. Aus Beliebigkeit wird ein klarer Fokus. Das Bewusstsein richtet sich aus zu einem Brennpunkt, der Dinge in Bewegung setzt. Hoffnung ist die entzündende Kraft für den Wandel, der diese Welt am Wachsen hält. Um etwas zur Erscheinung zu bringen, was noch nicht ist, braucht es das Bild des Neuen: die Hoffnung.

Der Glaube ist die Flamme, die Hoffnung ist der Wind, der sie zu einer Riesenfackel werden lässt. Kommt der Atem der Liebe hinzu, wird aus dem Feuer Licht, und es gebiert sich ein neues Universum. Sowohl Glaube als auch Hoffnung sind ein *Vorab,* erst durch die Liebe fließt der Lebensatem neu. Glaube, Hoffnung und Liebe enthalten das Geheimnis der Manifestation, die Schlüssel der Schöpfung. Wir benennen dieses Geschehen heute mit anderen Worten, doch das Wirken der Weisen bleibt durch die Jahrhunderte gleich. Es ergibt großen Sinn, Jesus als non-dualen Bewusstseinspionier zu sehen, welcher zu seiner Zeit mit seinen Worten versucht hat, dies zu verdeutlichen. Liebe enthält göttlichen Atem und dringt bis in das kleinste Teil, das Christus-Quantum, das Gott-Atom, welche Worte sich auch immer hierfür finden lassen. Entscheidend ist: Dieses Eine Teil ist nicht mehr teilbar. Eins. Nicht-Zwei. Die Essenz des Universums in uns, im Gegenüber, in allem.

Das, was wir glauben, ist aus einem weiteren Grund essenziell für eine neue Art zu schöpfen. Unsere Glaubensmuster kreieren unsere Gedankenfelder. Wir denken täglich zwischen 60 000 und 90 000 Gedanken. Wenn wir sie so kanalisieren wollen, dass sie unserer Vision dienen, dann spielt der Glaube eine entscheidende Rolle. Er beeinflusst unser Denken in hohem Maße. Wir tragen Tausende von Glaubenssätzen in uns, die unsere Realität formen, sie begrenzen oder erweitern, sie einengen oder durchleuchten. Glaubenskraft lädt unsere Gefühle mit Energie auf, genauso wie wir Gebete nur fühlen können. Durch die emotionale Ladung bekommen die Gedanken, die wir kreieren, ihren Schub, sie erfahren MOMENTUM-Kraft. Auch wiederholen wir Gedanken häufig, wenn wir stark an etwas glauben, was wiederum die Manifestation dieser Realität unterstützt.

Heute schon von Herzen gelacht?

Wir müssen uns mit unserem Herzfeuer die Zauberstäbe unserer Kindheit zurückholen und nach Herzenslust imaginieren, kreativ sein, jeden Tag etwas Neues entdecken. Alle kreativen Ressourcen freisetzen. Unsere Imagination ist die größte Ressource, die wir haben. Jeder einzelne Tag ist eine neue Schöpfung. Wie wir diesen Tag erleben, ist extrem von unserem Bewusstsein abhängig. Ich könnte mir vornehmen, jeden Menschen, den ich heute treffe, mindestens einmal zum Lächeln zu bringen. Oder einmal pro Monat meinen Geburtstag mit ganz unterschiedlichen Menschen zu feiern. Oder tausendfach auf meinen Lebenstraum zu antworten, auf ihn zuzugehen, mich freudvoll in seine Richtung zu bewegen, nicht wissend, was dabei herauskommt. Wenn das Herzfeuer groß genug ist, seine Flamme hell genug lodert, dann ist sie ansteckend. Begeisterung steckt an. Warum? Weil Geist enthalten ist! Enthusiasmus steckt an. Warum? Weil jemand von göttlichen Kräften erfüllt ist. Freude ist der Same der Begeisterung. Durchdringende Lebensfreude ist das Signum einer reifen Spiritualität. Eine Erhöhung der Lebensfreude führt automatisch zu mehr Schöpferkraft und heiterer Zuversicht. Ein heiliges Versprechen mag gegeben sein und das SACRED COMMITMENT täglich erneuert werden, doch die Bewegung ist eine freudvolle. In Beethovens neunter Symphonie heißt es *Freude schöner Götterfunken* – weil Freude etwas Funkenhaftes hat, ebenso wie sein Begleiter, das herzhafte Lachen.

Lachen ist ein echter »bisoziativer Schocker«: *Ein Mann geht über die Straße und fällt hin. Jemand lacht.* Nicht einmal aus Schadenfreude. Warum? Weil zwei Wirklichkeitsebenen kollidieren. Wir erwarten, dass er »normal« über die Straße kommt. Das passiert aber nicht und erzeugt einen Bruch in unserer Wahrnehmung, der uns kurz erschüttert. Wir synchronisieren diesen Wirklichkeitsbruch durch Lachen, durch *Selbst-Erschütterung*. Wir bringen unser Zwerchfell zum Erschüttern, und dann geht es wieder. Jeder Witz arbeitet mit solch überraschenden Wirklichkeitsbrüchen. Und das Lachen, die Synchronisation, folgt unmittelbar. Stell dir einmal vor, du würdest den lieben langen Tag aus überschäumender Lebensfreude lachen. Dann muss das Universum sich dir gegenüber synchronisieren und nicht umgekehrt. Jetzt passieren Überraschungen. Dreh den Spieß um ...

Die Zukunft – das Schicksal von morgen

... liegt in unserer Entscheidung verborgen. Wichtig bei allen genannten Schöpfungsprinzipien ist: Wir können uns für all diese Kräfte entscheiden. Wir können entscheiden, an etwas zu glauben, wir können entscheiden, auf etwas zu hoffen, wir können entscheiden, unter allen Umständen die Liebe aufrechtzuerhalten. Wir können entscheiden, einer Situation eine humorvolle Perspektive abzugewinnen. Erst recht, wenn wir die Wirkkräfte dieser Qualitäten als Schöpfungsschlüssel verstehen. Sie haben formgebende, realitätsbildende Kraft. All diese Qualitäten transformieren den Körper. Er kann den Unterschied zwischen etwas, an das wir zutiefst glauben, und dem Gefühl, was dann evoziert wird, und schließlich dem Eintreten des Ereignisses, in dem das gleiche Gefühl evoziert wird, nicht erkennen. Er schüttet das aus, was wir ihm präsentieren. Unser Körper öffnet uns neurochemisch für das, was wir ihm vorgeben. Wir können ihm daher auch vorgeben, uns für zukünftige Energien empfänglich zu machen, neue Gene an- und auszuschalten, seine Heilkapazitäten zu erweitern.

Deine Entscheidung ist richtungweisend. Sie lenkt die Kräfte des Bewusstseins in den Kanal, den du ihm zuweist. Es ist wichtig, dass du differenzierst: zwischen Entscheidungen aus dem Herzen, die dich eine gewählte Richtung einschlagen lassen, und der unsäglichen Angewohnheit des Verstandes, Pläne machen zu wollen. »Pläne« versuchen, aus dem Verstand heraus etwas zu fixieren, während das MOMENTUM MASTERY die Art des Weges zu dem visionierten Happy End offenlässt. Wie die Vision eintritt, können wir nicht wissen, darum ist es von essenzieller Wichtigkeit, jeglichen Fokus auf das *Wie* zu unterlassen. Kümmere dich niemals um das *Wie!* Das *Wie* ist der Nistplätz der Sorgenkäfer. Dale Carnegie hat in seinem wunderbaren Werk *Sorge dich nicht, lebe* aus dem Verständnis seiner Zeit heraus umfassend dargelegt, wie dieser Sorgenkäfer jede Vision und jeden Lebenslauf von innen zerfressen kann.

Wir hingegen fokussieren uns allein auf das Was. Fünf Minuten visueller Fokus oder eine tägliche angeleitete Meditation reichen völlig aus, um dies Was in unserer Gegenwart zu verkörpern. Wir werden in unserer inneren Realität zu dem, was wir uns wünschen, und laden uns auf mit höchster Lebensfreude. Dem amerikanischen Autor Norman Cousins ist es gelungen, durch *Dick & Doof*-Filme für ein paar Minuten schmerzfrei zu werden, als er mit Morbus Bechterew bewegungsunfähig im Krankenhaus lag. Nachdem er dieses Prinzip erkannt hat, ließ er sich alle Werke der beiden und anderer Komiker an das Krankenbett bringen und hat sich im wahrsten Sinne des Wortes Stunde um Stunde gesund gelacht! Er hat im Prinzip durch das Lachen ununterbrochen Wirklichkeitsbrüche erzeugt und das Universum immer wieder neu synchronisieren lassen. Den Körper sozusagen bisoziativ aus dem Schmerz in die Gesundheit hineingeschockt!

Werde zum Outlaw deiner Vergangenheit

Was für eine Sicht haben wir auf das Leben? Was ist das Leben überhaupt? Die Antwort der Satiriker: *Das Leben ist eine sexuell übertragbare Krankheit mit tödlichem Ausgang.* Die Berufswahl bei einem solchen Glaubenssatz endet wahrscheinlich eher klerikal eingeschränkt oder zölibatär verschroben. Wie können wir zum Outlaw unserer Vergangenheit werden, das heißt, wie können wir die alten überkommenen Wahrheiten, die wir zu wissen meinen, loslassen und frei werden? Für die Wildnis, die Urenergie, überschäumende Schöpferkraft, ungebremste Lebensfreude – dabei kein Fettnäpfchen auslassend, Fehler feiernd, ewig lernend, kosmisch reisend, dem Restaurant am Ende des Universums einen

Besuch abstattend. Wie ver-rückt darf das Leben sein? Wie weit ist dein Geist? Wie stark dein Gefäß? Möchtest du wissen, was Katzen alles taten, um mein ohne Haustiere aufgewachsenes Bewusstsein zu weiten?

Ich leite einen Retreat auf Big Island Hawaii. Dreamtime in Paradise. Die erste Nacht in dieser abenteuerlichen Zeit ist gleichzeitig die Nacht vor meinem Geburtstag. Ich träume in dieser Nacht folgenden Traum: Ich bin in ebendiesem Retreat-Center. Während einer Pause sitze ich auf einem weißen Korbsessel inmitten einer grünen Rasenfläche. Plötzlich springt eine Katze auf meinen Schoß. Ich erschrecke mich, und es ist mir unangenehm. Ich packe die Katze und werfe sie unwirsch ein, zwei Meter weiter auf den Rasen. Die Katze dreht sich zu mir um, blickt mich mit blauen Augen durchdringend an und sagt mit einer tiefen sonoren Stimme: »*Das hättest du auch etwas sanfter machen können, Thomas!*« *Ich denke im Traum bestürzt:* »*Ach du meine Güte, die Katze kann ja sprechen!*« *Dann wache ich auf. Es ist fünf Uhr morgens, ich gehe zu meinem Laptop und lese Geburtstags-E-Mails von meinen rund um die Welt verstreuten Freunden. Es ist, als wenn sie sich verschworen hätten: Ich bekomme eine animierte Grußkarte nach der nächsten. Alle mit sprechenden Tieren! Ich frage mich, ob sie auch Besuch von einer Katze gehabt haben, mache mir jedoch keine weiteren Gedanken.*
Am gleichen Tag führe ich unsere Gruppe zu einer Bucht, in der man mit wilden Delfinen schwimmen kann. Die Gruppe tummelt sich begeistert im Wasser, während ich vom Land aus auf dem Lavagestein sitzend das Treiben beobachte. Plötzlich tippt mir eine Frau von hinten auf die Schulter. Ich drehe mich um und erkenne sie. Es ist eine bekannte Tierkommunikatorin, die ich kurz einmal in einem Retreat-Center getroffen hatte. Sie sagt, sie sei schon vom Strand

weggefahren, da hätte ihre Katze (geistige Katze, ohne Körper!) ihr erzählt, sie möge umdrehen, um mir drei Botschaften zu überbringen. Ich starre sie ungläubig an. Sie, beziehungsweise ihre Katze durch sie, erzählt mir von drei sehr persönlichen Dingen, die sich auf die Entstehung meiner Projekte beziehen. Bis dato habe ich sie mit niemandem geteilt, niemand weiß von ihnen. Außer ihrer Katze! Ich darf sagen: Ich bin mehr als verblüfft. Was geht hier ab? Was will die Katze von mir? Die Tierkommunikatorin schlägt vor, ich könne ja mit meiner Gruppe, wenn ich wolle, an einem ihrer Seminarabende dazustoßen. Spontan sage ich zu, und wir sitzen einen Tag später bei ihr in einer großen Runde. Eine exaltierte Amerikanerin, Typ Diva, voll beschmuckt und behandschuht, fragt die Tierkommunikatorin um einen Rat. Sie habe eine Katze gehabt, die jetzt nicht mehr lebe. Doch zu Lebzeiten gab es zwischen ihr und der Katze einen Wettstreit um die Zuneigung des Ehemannes. Sie wollte auf keinen Fall, dass die Katze mit im Ehebett schläft, doch habe es die Katze immer wieder geschafft, den Mann herumzukriegen, und war am nächsten Morgen mit im Bett. Irgendwann sei die Diva so wütend gewesen, dass sie die Katze aus dem Fenster geworfen habe. Die Katze habe sich damals zwar nicht verletzt, aber sie selbst habe ein schlechtes Gewissen deswegen. Ich schmunzele amüsiert in mich hinein: noch eine Katzenwerferin. Die Tierkommunikatorin geht in Trance und kommt nach einer Weile kichernd aus der Trance zurück. Sie sagt, sie solle der Diva eine Botschaft von der Katze ausrichten: Sie, die Katze, sei auch eine Königin und habe es als fairen, sportlichen Wettkampf um den Mann gesehen. No regrets! Keine Klagen, keine Reue, alles gut! Royale Grüße! Die Diva ist erlöst, und ich mache mir immer mehr Gedanken um die Katzen. Zwei Wochen später bin ich auf einem Kongress in Zürich und sitze an einem Stand. Ich sehe eine Frau auf den Stand zusteuern, die mit verglasten

Augen wie ferngesteuert durch mich hindurchschaut und sagt: »Sie können mir bestimmt etwas über Tierkommunikation erzählen!« Spätestens seit diesem Moment glaube ich, dass die Katzen hinter mir her sind!

Ich führe diese Beispiele hier an, weil das Universum mich damit vollkommen überrascht hat. Tierkommunikation ist kein Feld, mit dem ich mich beschäftige und doch eine der vielen Ausdrucksformen des Dialogs mit der Welt, die uns umgibt. Einen Dialog, den wir als Menschen wieder oder neu erlernen und von dem wir uns inspirieren lassen können. Es scheint, dass das christliche Abendland die Schätze der Naturreligionen nicht integriert, sondern abgespalten hat. Die Herausforderung heute ist, sich diese und andere Erfahrungsräume frohen Mutes wieder neu zu erschließen. Möglicherweise helfen uns dabei die Katzen. Miau.

Das MOMENTUM MASTERY bis hierher:

1. Finde deinen Traum
2. Folge deinem Ruf
3. Bilde dein Gefäß
4. Fülle es mit Energie

5. Zünde den Funken
6. Verbinde dich auf allen Ebenen
7. Sei existenziell berührbar
8. Werde zum Gebet

9. Nimm die Herausforderung an
10. Knack den Körpercode
11. Wirke aus dem Raum der Räume
12. Das Herzversprechen

8
Happy End – das Umkehren des Zeitstroms

*Willst du das Glück,
frag niemals nach dem »Wie«,
sieh stets das Happy End
und trau der Melodie,
die dir aus deinem Herzen dieses Bild geschenkt,
das dich dort sieht – in deinem Happy End.*

Realität – was für ein Konzept!

In dem Moment, wo du Realität als ein Konzept wahrnimmst, geht der Vorhang auf für die unterschiedlichsten Werke. Wir können unbegrenzt Einfluss nehmen. Manifestieren über alles Denkbare hinaus. Das Glück jedes Mannes und jeder Frau ist abhängig von ihrer Wahrnehmung. Wie glücksoffen ist deine Wahrnehmung? Kannst du die schlichte Tatsache deiner Existenz als Lebensglück feiern?

Das Geheimnis alles Lebendigen ist eng verknüpft mit unserer Wahrnehmung von Raum und Zeit, diesem seltsamen Paar. Wenn wir glücklich unseren Traum verkörpern, anstatt ihm unglücklich entgegenzustreben, kann das Universum gar nicht anders, als zu synchronisieren. Es hat gewissermaßen einen Einheitstakt in sich und versucht immer wieder neu, Synchronizitäten zu kreieren. Also: freie Wahl im Theater der Träume und das Wunder wahr werden lassen! Was sich heute für viele als ein unerklärliches Wunder darstellt, ist für andere schlicht eine anwendbare, funktionierende Schöpfungstechnologie.

Unsere alten Schöpfungsmodelle tragen eine lineare Vorstellung von Zeit: Ich bin hier an diesem speziellen Ort, und wenn ich die Handlungen A und B durchführe, komme ich irgendwann zu meinem Zielpunkt Z. Der MOMENTUM MASTERY sucht mit nonlinearer Schöpfung zu arbeiten und stellt die herkömmliche Zeitwahrnehmung auf den Kopf. Wir werden zu Z. Jetzt und hier. Unmittelbar. Sei einmal bereit, alles, was du über Zeit zu wissen meinst, freudvoll beiseitezustellen.

Das Paradoxon, dem wir uns gegenübersehen, liegt in der Umkehr des Zeitflusses. Wir halten in uns eine Zukunft aufrecht, die von unserem Körper in diesem Moment noch nicht gespiegelt werden kann. Gleichzeitig ziehen das innere Aufrechterhalten und der

Glaube daran diese Zukunft jedoch in unser Sein. Wir drehen den linearen Schöpfungsprozess um. Normalerweise scheint er so zu funktionieren:

> *Umgebung, die uns definiert – Lineare Aktion – Endresultat/Happy End.*

MOMENTUM MASTERY heißt, wir beginnen mit dem Ende, dem Happy End, und setzen es an den Anfang:

> *Happy End – MOMENTUM MASTERY – Umgebung, die durch uns definiert wird.*

Schau nur auf das Happy End – schau niemals auf das Wie

In der folgenden Übung schaust du das Happy End, die Vision deiner Zukunft, wie sie beispielsweise in einem Jahr aussehen kann. Nimm dir für diese Übung täglich vier bis fünf Minuten Zeit. Wenn du dich von einer Audio-CD unterstützen lassen möchtest, findest du die entsprechenden Informationen dazu auf Seite 234ff.

Experiment 9

Du und das Happy End
Du schaust das Happy End, die Vision deiner Zukunft. Du siehst, wie man dich ehrt und schätzt, wie du mit deiner höchsten Gabe deinen Alltag lebst. Du schaust nur auf das Happy End. Egal ob es sich um eine besondere Art der Forschung dreht, der du dich widmest, das Teilen von hohem Wissen, einer Kunst, einer Form des Heilens, du siehst und fühlst dich ganz in dieser Qualität.

Auf einem Rückwärtsstrom durch die Zeit wird das geschaute Happy End dir Tore, Chancen und Möglichkeiten eröffnen. Du bittest und überlässt es dem Universum, die optimalen Möglichkeiten für dich zu generieren. Gleichzeitig bewegst du dich aktiv auf diese zu und ergreifst sie. Du handelst tausendfach – jedoch nicht getrieben von deinem Ego, sondern geführt von der Vision deiner Seele. Am wichtigsten dabei ist: Mach dir niemals Gedanken um das »Wie«! Fokussiere dich nur auf das »Was«! Wie die Vision Wirklichkeit wird, ist allein die Angelegenheit des Universums. Dein Fokus ist einzig die Gewissheit, dass die Vision Wirklichkeit wird beziehungsweise ist. Du denkst nicht nur voraus, du dankst auch voraus, du siehst es als erreicht. Diese Haltung erzeugt eine Resonanz, welche das gewünschte Ereignis in deine Gegenwart zieht. Happy End und Dankbarkeit sind wie zwei Geschwister, die Hand in Hand durch das Leben gehen. Fokussieren wir uns auf einen der beiden, ziehen wir den anderen automatisch mit in unser Leben hinein. Sie sind untrennbar.

Eine solche Art zu manifestieren unterscheidet sich fundamental von den herkömmlichen Vorstellungen der linearen Zeit, in der wir jeweils von dem jetzigen Moment aus konkret in die Zukunft planen und einen Großteil der Gedanken auf das Wie legen. Wir machen endlos Pläne und verlieren uns allzu häufig darin. »Was ist die schnellste Art, Gott zum Lachen zu bringen?« »Mach Pläne!« Ein uralter Witz mit durchaus realem Hintergrund. Bei der neuen Art zu manifestieren jedoch verankern wir die gewünschte Zukunft energetisch im Jetzt und erzeugen so das MOMENTUM. Jetzt hat das Universum die Möglichkeit, uns durch das Resonanzgesetz Gleich-Schwingendes zuzuspielen. Menschen, Ideen, Situationen. Wir bewegen uns aktiv in diesem Strom und ergreifen, was sich bietet, doch die Gedanken um das Wie sind absolut tabu, da sonst das Universum seine Synchronizitäten, Fügungen und Überraschungen nicht entfalten kann.

Dass wir mit unseren Gedanken die Wirklichkeit schöpfen, ist ein ehernes Grundgesetz, dessen wir uns bewusst sein mögen oder nicht. Es funktioniert in jedem Fall. Egal was wir denken. Die wenigsten Menschen haben allerdings einen so weiten und freien Geist, dass sie durch kollektive und individuelle Filter hindurch originär zu denken vermögen. Die tatsächliche Herausforderung besteht darin, die eigenen Gedanken und Gefühle in einen unverkrampften Einklang zu bekommen, der die freudvollen Seiten des Universums in unser Leben hineinzieht. Die Magie der Herzkraft kommt ins Spiel, wenn wir uns trauen, den großen Traum der Seele weiterzuweben. Wir sind mehr als das, was man uns »glauben lässt«. Wir sind lichtvolle Wesen in menschlichen Körpern, schöpfende Gottheiten in Zeit und Raum, kosmische Manifestatoren in einem ewigen Reigen. Lasst uns dieses Abenteuer genießen. Volle Fahrt voraus. Das, was wir in diesem Moment denken, glauben, fühlen und lieben, wird zu unserer Zukunft. Was möchtest du heute manifestieren?

Experiment 10

Starte eine neue Manifestation
1. Definiere und entscheide dein Endresultat. Jetzt! Was soll sich verwirklichen?
2. Aktiviere das MOMENTUM. Setze dich in Richtung deines Traumes in Bewegung. Das macht dich umso empfänglicher für die unvermeidliche Manifestation.

3. Die Manifestation existiert in deinem superneuen Jetzt. Vergiss dein altes Selbst. Werde zum Outlaw deiner Vergangenheit. Sei dein Happy End! Fühle, denke, rieche, schmecke, gehe, stehe und rede wie dein Happy End!
4. Gib dem Universum die Möglichkeit, dir Tore, Chancen und Möglichkeiten zuzuspielen, die du freudvoll ergreifst. Sei offen für Überraschungen!

Die Bewusstseinsschlüssel der Sonne

Lass deine Wahrnehmung positiv erschüttern: Das MOMENTUM nimmt an Fahrt auf. Die schnellste vorstellbare Art, sich im Universum zu bewegen, scheint für Menschen in der Lichtgeschwindigkeit zu bestehen. Die größte Lichtquelle, die wir kennen, ist die Sonne, die wir jeden Tag über den Himmel ziehen sehen. Was für eine Illusion! Sind wir es doch, die sich mit der Erde durch Raum und Zeit um dieses faszinierende Zentrum herum bewegen. Die Sonne ist für viele mystische Traditionen mehr als ein rein physisches Energiezentrum. Es wird gleichzeitig als ein extrem lichtvolles, geistiges Wesen gesehen, etwa so, wie man in fernen Jahrhunderten Sonnengötter verehrt hat, Sonnentänze zelebriert hat, sich Schöpfungsmythen mit solarer Herkunft erzählt hat und auch heute in verschiedenen Formen des Sonnen-Yoga diese als Gottheit verehrt. Die Sonne ist das Herz unseres Universums, und wir Menschen sind im geistigen Sinne solarer Herkunft. Wenn wir den Schöpferton unserer Seele finden wollen, ist es sinnvoll, das eigene Bewusstsein solar werden zu lassen. Die Sonne trägt ein Geheimnis, das die Menschheit bis zu diesem Zeitpunkt nicht gelöst hat. Der Sonnenraum, der dich ausfüllt, der Sonnentraum, in dem du lebst, ist älter als dein Sein auf dieser Erde. Er wirkt durch alle Zeiten. Machen wir ein weiteres Experiment!

Experiment 11

Die Kugel des Helios
Lass durch eine Meditation dein Bewusstsein vollkommen solar werden. Werde zur Sonne! Erinnere dich als Sonne in dieser Sonne durch die Sonne an deinen Seelentraum. Werde zur Kugel des Helios! Dann lass aus diesem Sein eine zweite Kugel in die Zukunft schweben, die deinen Traum enthält. Dein Bewusstsein ist simultan in dieser zweiten Kugel und im Helios-Sein. Du bist solar und doch in Raum und Zeit. In diesem Paradoxon liegt der Schlüssel für die Reise durch die Ewigkeit. Dein Traum verbindet sich mit dem höchsten Licht unserer Welt. Das Licht aus Helios nährt ihn und lässt seine Verwirklichungskraft umso stärker werden. Die Verbindung aus Licht und aus solarer Liebe nährt die Seelenkraft deines Wirkens und wird die Antwort der Welt auf deinen Traum bestärken. Jetzt kann sich das MOMENTUM voll entfalten. Sei ganz solar! Werde zur Schöpferkraft! Sei ganz solar! Werde zur Sonnenkraft! Sei ganz solar! Die größte Eigenschaft von Helios und der zweiten Kugel ist ihre Leidenschaft für alles Leben ...

Still stehend, weilend und strahlend, ist die Sonne das Symbol für die zeitlose Schöpferkraft, mit der wir auf ewig verwoben sind. In einem weitaus größeren Maße, als es die kühnsten Geister der Menschheit zu diesem Zeitpunkt erfassen können. Wir müssen einen Perspektivwechsel vornehmen und aus der Raum/Zeit-Perspektive der Erde in solares Empfinden überwechseln. Unser Bewusstsein ist nicht gebunden an Raum und Zeit. Wir können damit an jeden Ort des Universums reisen. Auch Geistheilung funktioniert völlig unabhängig davon, ob der Heiler fünf Meter, fünf Kilometer oder zwei Kontinente weit entfernt ist. Wenn wir den eigenen Seelentraum in solares Licht mit einer zweiten Kugel verbinden, wenn wir die Sonne als Quelle der Inspiration ansehen, dann erfährt die Manifestationskraft eine exponentiell höhere Ladung, als wenn wir dieses nicht tun würden. Ein Teil unseres Bewusstseins verweilt in der zeitlosen Qualität der Sonne, der andere damit verbundene Teil hält dieses Bewusstsein während der Zeit auf der Erde mit dem Traum aufrecht.

Erstaunlicherweise wird in vielen Schöpfungsmythen davon erzählt, mit unterschiedlichsten Namen, Göttern, Formen und Gewändern. Nehmen wir einmal paradigmatisch Jesus und Osiris, zwei ähnliche Mythen aus unterschiedlichen Zeiten. Jesus wird als Teil des solaren Logos gesehen, der eine Bewegung aus der Einheit in die Zweiheit, aus der Zeitlosigkeit in die Zeit macht, ebenso wie sein ägyptisches Pendant Osiris. Jesus wird an das Kreuz der Materie genagelt. Der Sonnenlogos ist scheinbar hilflos den Erdkräften ausgeliefert. Osiris wird ebenfalls verraten und steigt auf einem Fest seiner Freunde freiwillig in einen Bleisarg, wissend um den Verrat, der kommt. Der Sarg wird geschlossen und treibt den Nil hinunter. Der solare Logos ist ummantelt von Blei, also auch hier gefangen in der Materie. Das Faszinierende der Mythen ist beide Male die hellsichtige Freiwilligkeit des Geschehens. Beide Helden erkennen ein höheres Schicksal jenseits des eigenen Wohls an. Jesus lässt den Kelch nicht an sich vorübergehen und stellt sich der Kreuzigung. Osiris lässt sich auf den vorausgesehenen Verrat ein. Was bedeuten diese hier nur verkürzt angerissenen Geschehen? Der umfassende Sinn und das Mysterium dahinter sind:

Der solare Logos wird an den tiefsten Punkt der Materie gebracht.

Ummantelt von Blei, genagelt an das Kreuz. Es gibt eine Vision der mittelalterlichen Mystikerin Mechthild von Magdeburg, in der ihr Jesus erscheint und sie mit ihm einen Dialog beginnt. Sie fragt, warum er all die Schmerzen, Leiden, Beschämungen etc. zugelassen habe, während er sie doch einfach hätte verhindern können? Die überraschende Antwort: Es hätte nicht gereicht. Erst als das Blut seines Herzens auf die Erde getropft sei, sei seine Aufgabe ganz erfüllt gewesen.

Wenn wir diese großen Bewegungen einmal fernab jeglicher mittelalterlicher Brautmystik oder ägyptischer Jenseitskulte mit wachen präsenten Augen betrachten, dann geht es in beiden Fällen darum, dass sich eine solare Energie auf tiefstmögliche Art und Weise, ob im Blei oder am Kreuz, *mit der Erde verbindet*. Und es könnten an dieser Stelle etliche weitere Mythen anderer Kulturen mit exakt demselben Thema angeführt werden.

Es ist an jedem Einzelnen, diese einzigartige Bewegung in kreativer Art und Weise mit heutigen Bildern in sich durchzuführen. Das individuelle Schöpfungspotenzial ist gigantisch. In dem Moment, in dem wir als solares Bewusstsein dessen Licht mit dem eigenen Seelentraum verbinden und – so weit als irgend möglich, so tief wie nur vorstellbar, so fokussiert wir nur können – in Raum und Zeit auf dieser Erde in unserem materiellen Sein verankern, beginnt das MOMENTUM uns zu erfassen. Wir ringen heute individuell und kollektiv um die Bewusstseinsschlüssel der Sonne.

Timelines, Zeitsprung und das Super-Jetzt – heute schon die Form gewechselt?

Was wissen wir wirklich über das Phänomen der Zeit? Wie gehen wir mit ihm um? Entweder hängen wir fest in einer sich ständig wiederholenden Vergangenheit, oder wir fixieren uns sorgenerfüllt auf eine noch nicht eingetretene Zukunft. Die große Erfahrung des Jetzt ist nicht möglich, solange wir nicht mit unserer Vergangenheit brechen und aufhören, uns um die Zukunft zu sorgen. Ja, aber wollen wir nicht etwas manifestieren, was jetzt noch nicht da ist, sich also in der Zukunft befindet?

Nein! Die Manifestation befindet sich nicht in der Zukunft, sondern nur in einem anderen Jetzt, das wir in diesem Moment im Äußeren noch nicht wahrnehmen können. Im Inneren können wir es jedoch evozieren. Das solare Bewusstsein befindet sich in einem Super-Jetzt. Welt und Zeit ereignen sich gleichsam um es herum. Als Sonne bist du zeitlos. Unser menschliches Gehirn vermag sich die Gleichzeitigkeit des Seins kaum vorzustellen. Reinkarnation und Zeitphilosophie finden hier nicht zusammen, dennoch können wir unser Bewusstsein mit der Essenz der Sonne verbinden. Dies ist eine intuitive Annäherung, die unser Verstand in der Tiefe nicht bis ins Letzte verstehen muss, doch gibt uns diese Annäherung die Schlüssel in die Hand für ein neues Schöpfen. Ich nenne es:

Schöpfen aus der Ewigkeit.

Stell dir vor, der Traum, den du hast, wäre ein lebendes Wesen mit einer eigenen Energie. Vielleicht erträumst du dich in einem bestimmten Zustand, in einer speziellen Kraft, oder du möchtest etwas Materielles generieren. In der Vision erhältst und hältst du das als ein Bild. Jetzt wollen wir darüber hinausgehen. Wir wollen mit unserem Bewusstsein eine Energie erzeugen, die dieses Bild potenziert. Lass uns dazu eine Übung machen, die dich dazu herausfordert, dich als *Shapeshifter* wahrzunehmen, als Formenwandler, Wirklichkeitswechsler. Im Schamanismus bezeichnet man so die Fähigkeit, eine bestehende Form aus ihrer scheinbaren Fixiertheit in eine andere übergehen lassen. Dass das Wandeln von Formen eng verknüpft ist mit der Fähigkeit, Formen entstehen zu lassen, also mit Manifestation, liegt unmittelbar auf der Hand. Wir werden uns dieser Energie mithilfe einer Bewusstseinsreise annähern. Auch hier gilt wie immer:

Die Energie folgt der Aufmerksamkeit.

Das, was hier im Kleinen eingeübt wird, steht in unmittelbarer Resonanz mit dem großen Ganzen. In einer der speziellen Meditationen aus dem MOMENTUM MASTERY wird erlernt, die Heilkräfte des eigenen Bewusstseins in Form eines Sternenmeeres im Körper groß und wieder klein werden zu lassen. An bestimmten Stellen zu verweilen und die potenzierte Lichtkraft dort in Miniaturgröße zu halten, sie sodann aus dem Körper austreten und riesig werden zu lassen. Durch diese Schulung bekommen wir Zug um Zug ein Gespür für die Navigation uralter Wirkkräfte im eigenen Körper. Die Übungen werden immer weiter variiert, sodass sich schlussendlich der eigene Seelentraum holografisch in jedem dieser Sterne wiederfindet und als Bild/Energie/Lichtessenz den eigenen Körper ausfüllt. Dies ist eine weitere Technik, um zur Inkarnation der Vision zu werden und den heiligen Traum der Seele vollständig zu verkörpern.

Die Fähigkeit unseres Bewusstseins, Dinge groß oder klein werden zu lassen, Raum und Zeit zu transzendieren, ist immens. Ob es sich um innere Bilder wie diese handelt oder um seelische Zustände wie Sorgen oder Freude, Stress oder Gelassenheit, Resignation oder Zuversicht. Wir halten die Schöpfungsschlüssel in der Hand beziehungsweise im Herzen und Hirn. Wir können sie für das Heilen, das Manifestieren oder das Segnen nutzen.

Das Umkehren der Zeit

Gehen wir noch weiter über lineares Denken hinaus! Eine Möglichkeit, die Zeit umzukehren, besteht darin, sie rückwärts auf sich zufließen zu lassen. Am Anfang dieses Kapitels haben wir gelernt, das Happy End oder das gewünschte Ziel in der Zukunft – die nur ein weiteres Jetzt ist – zu nähren und uns von dort in einem Rückwärtsstrom Tore, Chancen und Möglichkeiten zuspielen zu lassen. Dies ist allerdings immer noch linear. Ob die Zeit nun vorwärts oder rückwärts läuft, strömt, fließt – es bleibt eine lineare Vorstellung, eine Gestaltungshilfe für unser Bewusstsein in der Zeit. Was ist jedoch, wenn wir auch darüber hinausgehen und selbst zur Zeit werden? Wie kann das funktionieren? Die herkömmliche Wahrnehmung ist: Wir besetzen mit unserem Körper ein Stückchen Raum, und wenn wir uns mit diesem durch einen größeren Raum bewegen, entsteht Zeit. Was ist, wenn wir unser Denken so paradox werden lassen, dass wir auch das umdrehen?

Experiment 12

Werde zur Zeit
Wir sehen uns selbst als eine Zeiteinheit, und der Raum bewegt sich durch uns. Ich lasse diese Übung in längerer Form auf den Retreats zum Dritten Auge durchführen, weil es die Teilnehmer extrem schnell in einen transpersonalen Raum förmlich hineinschießt. Ich bin versucht zu sagen: in einen zeitlosen Raum, doch hier sind wir ja selbst die Zeit. Wir sind eine Sekunde, eine Minute, eine Stunde, ein Tag, ein Monat etc. Die Zeiteinheiten werden immer größer bis zu einer Million Jahre, und das Leben ereignet sich durch uns hindurch. Eine außergewöhnliche Übung, die das herkömmliche Denken transzendiert.

Alle hier vorgestellten Übungen dienen dem Ziel, durch einen Bewusstseinsakt die höchste Vision der eigenen Seele zu manifestieren. Es braucht eine große innere Offenheit, um sich unbefangen in diese Bewusstseinsfelder hineinzuschwingen. Bewusstsein umfasst mehr als nur das Denken. Es integriert gleichzeitig die Gefühle und die Körperwahrnehmung. Im MOMENTUM zu sein beinhaltet eine andere Zeitwahrnehmung. Es ist eine eigene individuelle Zeit.

Verlangsamt wie in den Träumen des MOMENTUM-MASTERY-Fighters, der als Mittelstürmer wie in Zeitlupe agiert, oder als Gorilla, der eine Situation mit seinem Körperbewusstsein multidimensional wahrnimmt und sich ebenfalls in einer eigenen Zeit befindet. Die Herausforderung in den Feldern der Manifestation besteht darin, dass wir die ganze Zeit linear denken, das heißt in etwa so: Jetzt ist ein Ereignis noch nicht da, dann unternehme ich alle möglichen Schritte, und später ist es da. Wir müssen auf allen nur gangbaren Wegen aus dieser alten Wahrnehmung herausfinden. Im MOMENTUM MASTERY würden wir es so fassen:

In diesem Jetzt ist etwas nicht vorhanden, in einem anderen Jetzt ist es vorhanden.

Wir würden also sagen: Ich gehe in die Wahrnehmung des anderen Jetzt. Ich bin jetzt das andere Jetzt. Dadurch machen wir die Vision gegenwärtig. Sie verankert sich fest in unserem Bewusstsein. Dadurch kann sie ihre eigene Zeit, ihren eigenen Jetzt-Raum entfalten und kreieren.

Erschaffe dir deine Zeit – kreiere deinen Jetzt-Raum

Jetzt-Raum – was für ein Wort! Schon wieder gehen Raum und Zeit, die beiden seltsamen Geschwister, Hand in Hand. Unsere eigene Zeit – wo finden wir sie denn? Das Herz birgt hier ein besonderes Geheimnis. Es hat nicht nur seinen eigenen Takt und Rhythmus. Unser Herz lebt und bebt in jeder Minute. Es ist die direkteste und unmittelbarste Verbindung mit Lebenskraft. Es schlägt Tag um Tag und gibt das MOMENTUM jeden Lebens vor. Der Rhythmus scheint festgelegt und synchron mit dem Herzen der Menschheit, in dem alle einem ähnlichen Takt folgen. Es hat/ist seine ureigene Zeit – Herzzeit. Wenn wir versuchen, diesen Puls mit unserem Verstand oder unserer Willenskraft zu überschreiben, erzeugen wir das Dilemma heutiger Zivilisationen: aus dem Takt geratene Herzen.

Für die Stärkung unserer Herzen müssen wir uns daher zurückerinnern: Wir sind göttliche Wesen. Wir haben grenzenlose Kraft. Unsere Gedanken sind Schöpfungsfunken. Wir sind in der Lage, den Himmel auf die Erde zu holen. Unser Geist weiß um die Geheimnisse der Manifestation. Wir alle sind Kreatoren, Manifestoren, Shapeshifter, Wirklichkeitswechsler, wie immer wir es entscheiden und was immer wir möchten. Du bist der Wandel, den du dir wünschst. Trau dich! Wachse über dich hinaus! Fordere dich heraus! Setze dir höhere Ziele! Lebe dich ganz! Das, was dich im Innersten zu dir macht, jenseits aller Schichten. Ehre deinen Traum. Achte deinen Traum. Heilige deinen Traum. Sprühe Freude. Segne Menschen grundlos. Schenke Liebe und lade das Universum zum Tanz. Du lebst jetzt! Schau Gott in dir und deinem Gegenüber. Je mehr du schenkst, desto mehr gewinnst du. Je mehr du teilst, desto mehr fließt zu dir zurück. Es gibt unendlich viele Glückskontinente in dir zu erfahren, mit anderen, mit allen. Gib niemals auf. Dein Bewusstsein ist der Türöffner, der den Unterschied macht. Das ist deine Zeit!

Wenn es gelingt, Zeit nicht mehr linear zu denken, sondern als Jetzt zu fühlen, das heißt, in eine unmittelbare Gegenwart hineinzufinden, dann beginnt unsere Jetzt-Zeit. Das magische Kind in uns schwingt seinen Zauberstab. In diesem Jetzt existieren keine Sorgen, Ängste, Zweifel, sondern nur das Gewahrsein unterschiedlicher Wirklichkeiten, die durch die eigene Zugewandtheit mehr oder weniger Bedeutungstiefe, mehr oder weniger Realitätsgehalt bekommen. Erneut gilt:

Energie folgt der Aufmerksamkeit.

Gehen wir noch einmal zurück in das Zeitbewusstsein der Hopi, die ihre Zeit eben gerade nicht verräumlichen. Die nicht sagen: »Der Puls schlägt«, oder alle Schläge innerhalb einer Minute zählen, sondern die in ein anderes Gewahrsein hineinfinden: Es gibt nur *pulsieren*. Es ist da in diesem Jetzt – oder es ist nicht da, dann ist es in einem anderen Jetzt. Es erscheint, vergeht, lebt, stirbt, aber nicht in einem linearen Sinne, sondern als zwei Wirklichkeiten, die sich abwechseln. Wenn wir diese Wahrnehmung des Wirklichkeitswechslers zu fassen bekommen, den Ur-Rhythmus, in dem unser Herz tatsächlich noch schlägt, dann können wir aus dieser Wahrnehmung heraus nach Herzenslust manifestieren. Wir fokussieren uns auf eines der »Jetzte«, das sich in uns zur Erscheinung bringen soll. Deine Wahrnehmung, Beobachtung, Messung machen den Unterschied.

Steckbrieflich gesucht: Schrödingers Katze ... lebendig oder tot ... deine Entscheidung!

Das Paradies ist eine Option

Verlege das Paradies bitte niemals ins Jenseits! Das überlasse lieber den Religionen, die sich darum streiten, wer das beste Nach(t)leben im Jenseits zu bieten hat. Das Paradies ist ein erfahrbarer Ort, ein Zustand, eine Zeit im Jetzt. Durch die Energieübungen im MOMENTUM MASTERY werden wir zu kosmischen Abenteurern. Wir setzen mit der Kraft unseres Geistes den Schöpfungscode der Menschheit frei. Wir aktivieren die Morgendämmerung eines neuen Bewusstseins. Das Universum funktioniert auf eine Art und Weise, die sich allen jetzt neu erschließt. Manifestation geschieht im Umkehrschluss: Erst die Vorstellung des Zieles in der Gegenwart bringt die Kräfte des Universums dazu, in Resonanz zu gehen und Umstände zu erschaffen, die diesem Ziel entsprechen. Wir müssen an die Magie unseres Universums glauben, uns ihm anvertrauen, egal wie viele Schrammen und Beulen unsere Träume bei vergangenen Manifestationsversuchen bekommen haben mögen. Das Paradies ist eine realistische Möglichkeit. Hier und jetzt. Wir co-kreieren unsere Wirklichkeit gemeinsam, miteinander, mit Kräften, die wir kennen, und Kräften, die wir nicht kennen. Das Universum ist in der Tat eine riesige Wunscherfüllungsmaschine, ein Bewusstseinsozean, der nur auf deinen Input wartet.

Experiment 13

Technik der wiederholten Frage
Suche dir für diese Übung ein Gegenüber und arbeite mit der Technik der wiederholten Frage. Partner A stellt Partner B circa fünf bis sieben Minuten wieder und wieder dieselbe Frage. B antwortet jedes Mal das, was ihm oder ihr in den Sinn kommt. Die Antworten werden in keinem Fall

kommentiert, sondern A hält einen neutralen, präsenten, liebevollen Raum, in den hinein die Antworten gegeben werden. Die Versuchung für A, doch etwas zu kommentieren oder geistreich anzumerken, ist sehr groß. Bitte gebt ihr nicht nach! Durch das wiederholte Stellen der Frage hat B die Möglichkeit, immer wieder neue Antworten zu generieren und frei und freier zu assoziieren. Ich arbeite auf Seminaren sehr gern mit dieser Technik, da sie in Kombination mit der entsprechenden Frage eine erstaunliche Bewusstseinstiefe generiert. Nach den fünf bis sieben Minuten wird gewechselt, und B richtet dieselbe Frage an A.

Hier ein Set von drei Fragen, die jeweils abwechselnd zu fragen sind:
Frage 1: Was wünschst du vom Universum?
Frage 2: Was wünscht das Universum von dir?
Frage 3: Du und das Universum, was wünscht ihr zusammen?

9
Resonanz – die Natur des Universums

Du kannst nur bereit sein,
im Mitgefühl weit sein,
vertrauen und handeln,
couragiert alles wandeln.
Das erzeugt Resonanz,
lädt die Seele zum Tanz.

Eins-Werden – der Urimpuls des Kosmos

Resonanz (aus dem Lateinischen, *widerhallen*) bezeichnet im Allgemeinen das verstärkte Mitschwingen eines schwingungsfähigen Systems. Es ist eine Art von Synchronisation. Unser Herzzentrum hat erwiesenermaßen seine eigene Schwingungsfrequenz, so wie unser Gehirn in unterschiedlichen Frequenzen schwingen kann. Bilden die Signale des Herzens zum Gehirn eine harmonische Frequenz, sprechen wir von Kohärenz, einem Miteinander-Schwingen. Die Aufgabe in der Kreation des MOMENTUMS besteht nicht nur darin, Herz und Hirn in einen kohärenten Zustand zu bringen, sondern in dieser Kohärenz das Bild des Seelentraumes über das Herz in die Welt hineinschwingen zu lassen. Es aus dem Herzen heraus in die Welt vibrieren zu lassen. Es über das Herz als Bild in die Welt hineinzuatmen.

Warum sollten wir das tun? Weil es die Natur des Universums ist, Resonanzen zu bilden! Die Signatur dieser Herzwelle mit dem individuellen Seelentraum ist einzigartig. Das Universum sucht mit dieser Einzigartigkeit in Resonanz zu gehen, da Eins-Werden seine tiefste Natur ist. Was für den menschlichen Verstand die kühnsten Vorstellungen übersteigt, ist für den Bewusstseinsozean, der uns umgibt, die natürlichste Sache der Welt: ein gigantischer kosmischer Prozess, in dem sich wieder und wieder neue Verbindungen herstellen durch Schwingungen, die miteinander in Resonanz gehen oder eben nicht. Du kannst es dir wie einen Google-Algorithmus vorstellen, der alle nur denkbaren Resonanzen zu einem Suchbegriff herstellt. Diese technologisch hochkomplexe Computersuche ist ein extrem vereinfachter Vorgang gegenüber dem, was unser Herz in Einklang mit unserem Gehirn zu leisten vermag.

Du beginnst deshalb mit dem Ende. Du imaginierst das Ergebnis, als wäre es jetzt vorhanden. Du richtest mit den unterschiedlichsten spirituellen Werkzeugen deinen Fokus auf das Ergebnis. Et voilà:

Die Energie folgt der Aufmerksamkeit.

Das Universum resoniert in einer Art und Weise, die kein Verstand der Welt jemals bis zur Gänze antizipieren könnte.

Dein Herz macht den Unterschied

Man mag sich fragen: So einfach soll das sein? Es *ist* so einfach. Und doch so herausfordernd zugleich, weil die heutigen digitalen Alltagswelten derart zerstreuend sind, dass eine Ausrichtung und Einpünktigkeit des Geistes vielen Menschen kaum noch möglich erscheinen. Selbst in den abgeschiedensten und isoliertesten Orten wie in tibetischen Klöstern findet man heute Mönche mit Handys, die dadurch in permanentem Kontakt mit der Außenwelt sind. In allen Bereichen unseres Lebens gibt es eine Bewegung in verschiedene Extreme hinein: extreme Klimaschwankungen, extremes Bevölkerungswachstum, extreme Schuldenanhäufung. Mit dem Denken von gestern, mit den Werkzeugen und Methoden unserer Ahnen, sind die heutigen exponentiellen Entwicklungen nicht zu bewältigen. Die Welt ist tatsächlich zu einem globalen Dorf geworden, und jeder Einzelne hat einen ebenso extremen Einfluss. Das Bewusstsein jedes einzelnen Herzens wird den Ausschlag geben, wie diese Welt sich weiterentwickelt. Du selbst und dein Herz sind unendlich viel wichtiger als gemeinhin angenommen.

Als ein sich der Liebe weihendes Wesen, das auf diesem Planeten zu inkarnieren wünschte, gewannst du Existenz. Du bekamst einen Körper, der es dir ermöglicht, eine der faszinierendsten Erfahrungen des Universums zu machen: Du bist jetzt ein Mensch mit einem fühlenden Herzen. Du kannst den Herzschlag der Welt, die Liebe des Global Heart durch dich hindurchfließen lassen und mehr noch: sie durch dein Sein verstärken oder abschwächen. Du bist Teil einer größeren Bewusstseinsentwicklung.

Jedes individuelle Herz hat eine viel größere Bedeutung für die Entwicklung dieses Planeten und der Menschheit, als der Einzelne sie sich selbst je zuschreiben würde. Die Anhebung der individuellen Herzschwingung ist daher von essenzieller Bedeutung für die Zukunft der Erde. Jeder individuelle Lebenslauf ist bedeutsamer, als alte Wahrnehmungsfelder uns glauben ließen. Alle Herzen zusammen bilden das Global Heart – das Herz dieser Welt, das diesen Planeten wie ein Lichtgitternetz umspannt. Um diese Erde herum und durch sie und jeden Einzelnen hindurch existiert etwas, das von unterschiedlichen Forschern als »morphogenetisches Feld« oder »Matrix« umschrieben wird. Das Global Heart umfasst und durchdringt dieses Feld seit ewigen Zeiten mit den lichtvollen Saatgedanken der Menschheit. Heute wird es für eine immer weiter wachsende Anzahl von Individuen fühlbar und auf eine neue Weise kultivierbar. Jedes einzelne Herz entscheidet in diesem Moment, ob es das Global Heart stärkt oder schwächt. So wie du entscheidest, ob du ein leuchtender Punkt im Lichtgitternetz der Menschheit bist oder eine energetische Sackgasse, die sanft umflossen wird.

Verbinde dich über dich selbst hinaus

Das MOMENTUM zu erzeugen möge die feurige Vision deines Herzens sein. Dein Sein ist in ihm, und es schlägt durch dich wie durch alle Menschen. Du denkst, sein Puls sei individuell, doch ist es viel mehr: Es tönt durch alle und alles hindurch und ist die

Quelle des Lebens wie auch der Liebe. Wenn wir es in einem anderen Menschen hören, sagen wir: *Das ist die Liebe!* Wenn wir es in einem Team spüren, sagen wir: *Das ist der Geist!* Wenn wir alle es zur gleichen Zeit fühlen, sagen wir: *Das ist Gott!* Und doch liegt das Geheimnis des Global Heart jenseits der traditionellen Wahrnehmung. Wir müssen über sie hinauswachsen, hinaussehen, hinausfühlen, hinausheilen, hinauslieben, hinausführen, um es ganz zu erleben. Jeder Einzelne ist Teil seines Schlagens, jeder Einzelne Teil seines Wagens … Der Weg geht über sich selbst hinaus vom Ich zum Du zum Wir zum *Wir-Alle*.

Die größte Herausforderung ist: *Du bist ein Herz!* Du bist nicht ein Verstand, nicht ein Körper, nicht eine Person, du bist ein Herz! Du hast einen Verstand, du hast einen Körper, du hast dich als Person, doch du bist … ein Herz. Dieses Sein ganz zu fühlen und aus ihm zu handeln, darum ringt die Menschheit in dieser Zeit.

Es ist deine Aufgabe, dich ganz für die Liebe zu öffnen. Das mag dir bewusst sein oder nicht. Es mag dich amüsieren oder nicht. Du magst weiterlesen oder nicht – es bleibt deine Aufgabe. Die Liebe dieser Erde durch dich wachsen zu lassen ist Weg und Ziel zugleich. Traditionell wünschen sich viele Menschen, dass sie geliebt *werden*. Von Eltern, Geschwistern, Freunden, der Welt und Gott. Sie tun alles dafür und laufen hechelnd den multimedialen Lichtern gespiegelten Glanzes und Goldes hinterher, das sie mit der Essenz verwechseln. Das Öffnen für die Liebe verlangt mehr. Es ist eine Innenschau, ein In-Verbindung-Treten.

Dort, wo die Worte aufhören, beginnt die Sprache des Herzens. Du korrespondierst quasi per E-Mail (Energetic-Mail) mit dem Universum und beginnst, dich zurückzuerinnern. Woran? An die Kraft deiner Träume, an die Bilder deiner Seele, an das, was du ursprünglich bist. Jenseits dessen, was Eltern, Erzieher, Kultur und

Sprache in deinen ersten sechs Lebensjahren durch einen »Download« in dich hineinprogrammiert haben. 95 Prozent der Menschheit lebt und folgt diesen unbewussten Mustern, ohne sie je zu reflektieren oder zu transformieren. Der Weg hinaus geht zunächst nach innen in das Zentrum deines Wesens – in dein Herz und von dort in die Welt. Dein Herz aktiviert das MOMENTUM und gibt ihm seinen anfänglichen Schwung, bis es in eine sich selbst generierende Bewegung hineingeht.

Um nicht wiederholt aus diesen Bewusstseinsräumen herauszupurzeln, brauchen wir zusätzlich zu unserer Beschäftigung mit dem Zugang zu diesen Räumen eine alltagstaugliche Methode, um uns achtsam und zentriert zu halten. Das Wort *halten* trägt die Lösung schon in sich. Wir brauchen die Kultivierung bestimmter Haltungen dem Leben, der Welt und uns selbst gegenüber, die gewährleisten, dass unsere Schöpfungsimpulse gute Überlebenschancen haben, um sich zu verwirklichen. An dieser Stelle kommen haltungsorientierte Meditationen ins Spiel. Wir haben uns bisher mit der Evokation unterschiedlicher Bewusstseinsräume beschäftigt. Jetzt stellt sich die große Herausforderung, diese schöpferischen Energien in unserem Alltag aufrechtzuerhalten. Die Kombination und Kultivierung dreier Haltungen von Mitgefühl, Vertrauen und Mut eröffnen Tore in einen Raum von Präsenz, in dem das MOMENTUM erfahrbar wird.

Mitgefühl – das Tor zu den anderen

Viele Menschen leben in den uralten Mustern ihrer Ahnen. Ganze Kulturen und Gesellschaften frönen zum Beispiel dem Archetyp des Kriegers. Wie können wir dessen Energie in uns transzendieren? Das große Handicap des Kriegers ist: Er hat ein Mindset, welches das Universum als potenziell feindlich wahrnimmt. Also trainiert und schärft er seine Sinne, um jeglichem Angriff zuvorkommen zu können. Wie können wir dieses Muster, das einen tieferen Kontakt zu anderen Menschen verhindert, aufbrechen und die Entschlossenheit und Ausdauer des inneren Kriegers für unser MOMENTUM nutzen? Das Heilserum des Kriegers, sein Weg in die Ganzwerdung, führt über die Kultivierung von Mitgefühl als einer Kraft, die über das Du und das Wir zum *Wir-Alle* führt. Die Menschheit der Zukunft wird in geraumer Zeit nicht mehr gegeneinander kämpfen können, sondern nur noch damit beschäftigt sein, einander in Krisensituationen zu helfen. Dafür brauchen wir Krieger des Herzens, die ihre Loyalität dem größeren Herzen der ganzen Menschheit weihen. Mitgefühl ist der Schlüssel dazu. Mitgefühl lässt uns Teil der Menschheit sein. Es handelt unmittelbar in der Not und fürchtet weder Verlust noch Leid oder Tod. Wir beginnen, uns mit der Welt zu verbinden und mit ihr in einem tieferen Kontakt zu sein. Dieser Kontakt ist essenziell, wenn es darum geht, die eigene Vision in die Welt zu bringen. Wenn wir in uns alte Bewusstseinsmuster der Weltabgewandtheit oder illusionäre Gedanken der Getrenntheit hegen, dann sabotieren diese unseren Manifestationsprozess. Wir beugen daher vor durch die Kultivierung von Haltungen und erzeugen eine umso stärkere Resonanz mit dem Universum.

In einer Diskussion erhält man sehr schnell Zustimmung, wenn man äußert, wie wichtig Mitgefühl sei. Doch zwischen einer solchen theoretischen Erkenntnis und einer tatsächlichen Umsetzung in der Praxis besteht ein himmelweiter Unterschied. Es erfreut mich zutiefst, dass es mit dem Dalai Lama zu diesem Zeitpunkt eine Inkarnation des Mitgefühls auf der Erde gibt. Ich möchte an dieser Stelle einen Traum teilen, den ich als Student hatte und der meine Seele seitdem begleitet. Es geht um Achtsamkeit, Timing und Mitgefühl.

Ich befinde mich auf einem weiten Feld. In einiger Entfernung steht ein Elefant, der weitaus größer ist als ein normaler Elefant und auf seinem Rücken eine Art Decke mit Ornamenten trägt. Er wartet auf seinen Lenker. Ich stehe dort in vielleicht 30 Metern Entfernung und sehe, wie links und rechts neben mir junge Männer und Frauen auftauchen, die zum Elefanten laufen und versuchen, irgendwie hinaufzukommen, um ihn zu lenken. Einige sprinten voll Karacho auf ihn zu, springen hoch, klatschen aber einfach nur in seine Seite und landen auf dem Boden. Andere versuchen sich als Stabhochspringer, nehmen Anlauf mit dem Stab und wollen sich so hinaufschwingen. Doch sie fliegen entweder weit über das Ziel hinaus oder klatschen auch gegen die Seite des Elefanten. Ich überlege die ganze Zeit, wie es möglich sein könnte, dort hinaufzukommen, während links und rechts in einem atemberaubenden Tempo immer wieder neue Versuche gestartet werden. Plötzlich steht wie der Geist aus der Flasche der Dalai Lama neben mir und reicht mir mitfühlend seine linke Hand, nimmt mich an meiner rechten Hand und setzt sich mit mir an der Hand in einem ganz eigenen, extrem langsamen Tempo in Bewegung. Links und rechts rasen die Sprinter und Stabhochspringer weiter um die Wette. Mit aller Zeit der Welt wie in einem eigenen Raum gehen wir achtsam, Schritt um Schritt setzend auf den Elefanten zu. Ich spüre eine Welle seines Mitgefühls durch mich hindurchrauschen, aber mehr noch seinen vollkommenen Fokus. Für ihn ist es absolut klar, dass wir oben auf dem Elefanten landen werden. Da ist kein einziger Zweifel in seinem Bewusstsein. Schließlich sind wir an dem Elefanten angelangt, und erst in diesem Moment zeigen sich uns kleine Steigflächen, die vorher nicht sichtbar waren. Wiederum in einer extremen Langsamkeit erklimmen wir die Seite des Elefanten. Dann sitzen wir nebeneinander auf seinem Hals, und er beginnt, sich schaukelnd und mit vollkommener Ruhe in Bewegung zu setzen.

Zu dem Zeitpunkt, als der Traum geträumt wurde, hatte er für mich primär die sich leicht erschließende Bedeutung, auf das richtige Tempo im Leben zu achten. Nicht durch einen wilden, unruhigen Geist über das Ziel hinauszuschießen. Heute empfinde ich diesen Traum viel tiefer. Ich fühle, wie ein eigenes Zeitkontinuum in diesem Traum zum Ziel führt, das darin besteht, diese große und wartende Energie zu lenken. Wie durch das extreme Verlangsamen der Wahrnehmung jede Bewegung in sich vollkommen ausgeführt werden kann. Ohne jeden Zweifel oder das Gefühl, jemals zu spät sein zu können. Und wie das Verweilen in dieser Energie von Mitgefühl es ermöglicht, den Vollkontakt zur Seele und zum Universum gleichzeitig zu haben. Nun bin ich in diesem Leben kein praktizierender Buddhist, doch der Dalai Lama und sein Weg berühren mich tief im Herzen. Es ist schwer, diese transformierende Erfahrung präzise in Worte zu fassen, da die Wahrnehmung im Traum eine multidimensionale ist, während Sprache und Schrift die Gedanken hintereinanderreihen. Entscheidend ist auch hier ein eigenes Zeitbewusstsein.

Der Dalai Lama verkörpert im Traum absolute Gegenwärtigkeit und Präsenz, die meiner Person als Geschenk gemacht wird. Es sind Träume von dieser Art, ähnliche Begegnungen im Alltag und Synchronizitäten, die mich staunen und erschauern lassen angesichts der Größe der spirituellen Kräfte, die jeden von uns umgeben. Mitgefühl als eine dieser Kräfte und eine zu kultivierende Herz-Qualität trägt einen Schlüssel, der weit über die ethische Komponente hinausgeht und uns in der Tiefe mit der Essenz des Universums verbindet. Mitgefühl ist eine wandernde Gnade, die sich durch jeden Menschen ausdrücken kann.

Vertrauen vertraut ... auf sich!

Vertrauen vertraut ... auf sich.
Es kennt keine Grenze auf Erden.
Das Große Vertrauen
kann niemals verraten werden.

Der Dalai Lama verkörpert in meinem Traum nicht nur Mitgefühl als Haltung, sondern auch Vertrauen. Wir unterscheiden im MOMENTUM MASTERY zwischen dem kleinen Vertrauen und dem Großen Vertrauen. Das kleine Vertrauen, das Menschen landläufig praktizieren, ist eine Art Kuhhandel, ein Geschäft. Ich vertraue dir, solange du meiner Vorstellung entsprechend handelst oder dich einer Vereinbarung entsprechend verhältst. Tust du dies nicht, hast du mein Vertrauen missbraucht. Diese Art von Vertrauen ist ergebnisabhängig.

Im MOMENTUM MASTERY geht es um die Kultivierung von etwas Höherem: dem Großen Vertrauen, das nicht verraten werden kann, da es nicht ergebnisabhängig ist. Es braucht keine Bestätigung. Es vertraut unabhängig vom Ergebnis über dieses hinaus auf eine tiefere Ebene des Seins und ist unerschütterlich in diesem Bewusstseinsakt. Es erkennt den Akt zu vertrauen als eine der enormen Wirkkräfte des Universums an. Dieses Vertrauen ist der Schlüssel zu den Mysterien. Das Große Vertrauen erwartet stets das Beste von allem, was geschieht. Es ist ein unschlagbares Saatkorn, das Glück nach sich zieht. Es ist furchtlos. Der Mystiker, der in diesem Vertrauen lebt, ist einverstanden mit jeglicher Bewegung. Er setzt ihr keinen Widerstand entgegen. Wie das Wort *einverstanden* andeutet, ist dieses Vertrauen nicht nur ein Gefühl, sondern trägt eine mentale Komponente. Man könnte sagen: Das Große Vertrauen läutert den Verstand und richtet das Denken auf die Einheit aus. Diese Art, dem Großen zu vertrauen, dieses Einverstanden-Sein, ist die Quelle von Freiheit und Freude und gemäß dem Resonanzgesetz eine äußerst intelligente Art der Wirklichkeitsgestaltung, da das Universum durch seinen Einheitsimpuls auf eine solch starke Schwingung Antworten generiert. So, wie wir dem Universum vertrauen, vertraut es uns. Es sammelt seine Kräfte und erzeugt je nach Größe des Vertrauens einen riesigen Strom von Energie, der maßgeblich hilft, das individuelle MOMENTUM zu kreieren.

Im Manifestationsprozess ist es eine unserer wichtigsten Aufgaben zu vertrauen. Häufig vertrauen Menschen zu Beginn einer Vision, und wenn die Manifestation nicht schnell genug eintritt, kommen Zweifel auf. Das heißt, auf einer Ebene der Wirklichkeit erzeugen sie Vertrauen, auf der anderen erzeugen sie Zweifel. Sie betreiben ein energetisches Nullsummenspiel, das so nicht in das gewünschte MOMENTUM führen kann. Daher ist die Kultivierung von Haltungen wie Mitgefühl und Vertrauen neben allen anderen Schritten und Zugängen zu Bewusstseinsräumen ein essenzieller Teil des Prozesses, mit dem wir verhindern, in den Zweifel zu fallen. Zweifel ist ein erstaunliches Wort, oder? Zwei-fel, Zwei-Fall. Verwandt mit unserer hiesigen christlichen Schreckensfigur, dem Teu-fel, dem in die Zwei Gefallenen, oder Dia-bolo, dem in die Zwei Geworfenen. Wichtig ist: Auch dies ist nur ein Synonym für ein in der Polarität gefangenes oder fixiertes Bewusstsein.

Im MOMENTUM MASTERY suchen wir die polaren Ebenen der Wirklichkeitsgestaltung durch Erhöhung des eigenen Bewusstseins zu überschreiten. Jeder selbst generierte Zweifel, jede von den Ahnen übernommene Angewohnheit, sich zu sorgen, wird zum Gegenspieler unserer Manifestationsabsicht. Dieser Punkt ist deshalb so essenziell, weil die Zweifel unbewusst sind. Wir brauchen den klaren Geist der Mystiker, eine radikale Präsenz, die in der Lage ist, sich in jedem Moment umfassend wahrzunehmen und zu agieren. Agieren heißt, eine Schwingung der Selbstliebe und des Vertrauens aufrechtzuerhalten.

Erinnern wir uns: Das MOMENTUM hat seine eigene Zeit. Wenn wir in den Momenten, in denen wir innerlich die Vision im Herzen tragen und das Universum beziehungsweise unsere Umwelt noch nicht resonieren, in den Zweifel fallen, töten wir das ungeborene Baby. Lass es mich so drastisch formulieren! An den Schulen, Universitäten, in den Familien wird diese Art zu vertrauen nicht gelehrt. Es ist eine spirituelle Qualität und Haltung, die unsere Achtsamkeit in jeder Minute erfordern. Der Verstand stellt eine größere Herausforderung dar als gemeinhin angenommen. Gedanken werden Wirklichkeit. Alle Gedanken. Um seine Kräfte adäquat nutzen zu können, brauchen wir eine Haltung wie das Große Vertrauen, das in der Lage ist, den Fluss der Gedanken zu kanalisieren und eine Kohärenz mit dem Herzen zu bilden.

Diese Art zu vertrauen birgt das Geheimnis jeder geistigen Heilung. Du musst als geistiger Heiler einen großen Vertrauensimpuls setzen, egal ob er funktioniert oder nicht. Es gibt auf diesem speziellen Weg der Heilung keine Alternative dazu. Du musst davon ausgehen, dass Heilung geschieht. Nur so kannst du eine heile Wirklichkeit erzeugen. Diese Art von Heilen unterscheidet sich fundamental von den Prinzipien der Schulmedizin, da es einen Manifestationsprozess darstellt, der davon ausgeht, dass wir jede Ebene von Wirklichkeit wie auch unseren Körper mit unserem Bewusstsein segensreich beeinflussen können.

Ebenso ist es wichtig für einen spirituellen Lehrer, sich selbst ganz zu vertrauen – einer höheren Ebene in sich und anderen zu vertrauen. Dieses Vertrauen weckt den Geist der Zusammenarbeit und Offenheit. Lehrer vertrauen dem Universum, und das Universum vertraut ihnen. Der Bewusstseinsakt generiert die Antwort.

Lass dir dieses Vertrauen nicht entgehen. Gib dem Universum die Erlaubnis, deine Wirklichkeit zu »rocken« und sie mitzunehmen in eine kreative, bunte, tiefenscharfe Bewegung. Eintrittsticket: einmal Großes Vertrauen, bitte!

Courage – das Feuer der Manifestation

Courage kennt nur einen einzigen Satz:
Du schaffst es!
Alles andere in dir macht diesem Satz Platz:
Du schaffst es!

Das Wort Courage leitet sich aus dem Französischen her (*cœur* = Herz) und beinhaltet offensichtlich mehr als nur Mut. Es geht darum, das Herz in die Hand zu nehmen. Herz und Handlung eins werden zu lassen. Aus dem Herzen zu handeln. Im Einklang mit der eigenen Essenz. Den Lebenstraum mit Herzblut zu füllen. Die Vision zu nähren aus dem Zentrum des eigenen Seins und aktiv zu werden. Das Herzfeuer hell aufflammen zu lassen. Courage fordert, über jegliche Angst hinauszugehen. Courage verbannt die Angst in die Hölle zurück.

Dieses Feuer der Manifestation ist eine täglich neu zu kultivierende Haltung. Viele Menschen haben sich zu sehr in dem sicherheitsbetonten Teil ihrer selbst gemütlich eingerichtet und nehmen kaum noch wahr, wann und wie sie angstgesteuert handeln. Ego und Angst sind deckungsgleich. *Edging God Out* – das Göttliche draußen vor lassen – ist eine der treffendsten Definitionen dafür. Courage steht für eine Haltung, die in der Lage ist, mit Widerständen umzugehen, die Reibung und Friktion ertragen kann, die weise genug ist, zu wissen, dass feuriges Handeln Teil des Manifestationsprozesses ist. An diesem Punkt scheitern viele gut gemeinte Ansätze, etwas Neues in die Welt zu bringen. Es fehlt das Handlungsfeuer, die Kraft, das visionäre Schiff im Sturm auf Kurs zu halten, bei Gegenwind nicht unterzugehen. Courage hat das untrügliche Wissen, dass irgendwann Land in Sicht ist und der Zielhafen erreicht wird, und handelt entsprechend.

Experiment 14

Wiederholte Frage: Wann hat dein Herz seine Stärke gezeigt?
Diese Frage beinhaltet: Was war der mutigste Akt in deinem Leben? Wann hast du am meisten Courage gezeigt? Und welchen Einfluss hat dies auf deinen Lebenslauf gehabt?

Courage besitzt eine Energie, die niemals aufgibt. Das zeigen die Biografien großer Erfinder wie Thomas Alva Edison, der 999 Wege herausgefunden hat, wie die Glühbirne nicht funktioniert, und es genauso gesehen hat, nämlich nicht als ein Versagen, sonders als ein mutiges Erforschen, bis sich die eine Möglichkeit auftut, die zum Durchbruch führt. Viele Menschen geben viel zu früh entmutigt auf, ihren Traum in die Welt zu bringen, daher ist das Trainieren von Courage von so großer Bedeutung. Im MOMENTUM MASTERY werden deshalb zusätzlich zur Lektüre unterschiedliche Meditationen und Seminare angeboten, um die Vision energetisch in der jeweiligen Person zu verankern. Die Landkarte, das Buch, ist niemals das Territorium. Zu denken, weil wir etwas gelesen haben, seien wir in der Lage, alles nachzuvollziehen, halte ich für eine große Illusion. Dann müssten wir ein Buch über Erleuchtung mit einer guten Betriebsanleitung lesen – und schwups, das Licht geht an. Könnte jedoch wesentlich heller brennen ...

Wir brauchen tiefe Referenzerfahrungen, die uns an die Grenze dessen führen, was wir kennen, und darüber hinaus. Und wir brauchen die Courage, in diesen Übergangsräumen die Schwelle zu überschreiten. Insbesondere wenn es darum geht, Seelenbewegungen einzuleiten, die unsere alten Gewohnheiten knacken und unser Selbst transzendieren, brauchen wir jegliche Courage. Wir benötigen die Mentalität von Bewusstseinskriegern, die in ihrer Entschlossenheit und Determiniertheit zu ihrem Happy End geworden sind, die das Bewusstsein um den Sieg am Ende des Weges in sich tragen. Manifestation funktioniert nicht halbherzig. Es braucht die ganze Frau, den ganzen Mann, das ganze Kind.

Deine innersten Gedanken und Visionen sind zu schützen. Sie gehören nur dir. Sie gehören in deinen heiligen inneren Raum. Du entscheidest, mit wem du sie teilst und mit wem nicht. An irgendeinem Punkt geht es nicht mehr darum, dass du an deine Vision glaubst, sondern sie ist dir so zur zweiten Natur geworden, dass du um sie weißt. Sie ist eine innere Realität. Diese innere Realität auf die Erde zu bringen, in die Manifestation, erfordert den allergrößten Mut und die vollkommene Hingabe der Seele. Wie wir an Jesus und Osiris sehen, die ihr solares Bewusstsein an den tiefsten Punkt der Materie bringen, ist diese Reise ein Abenteuer, das couragiert gelebt werden will. Wir sind für eine kurze Weile hier und sollten keine Zeit verschwenden, um die kostbare Essenz des eigenen Seins in die Welt zu schöpfen, jeder und jede auf eine einzigartige und individuelle Art und Weise.

Mitgefühl hält unser Herz in Verbindung zu allen Herzen und zur Quelle aller Energie. Es durchflutet unseren Emotionalkörper sanft und bringt diesen in Einklang mit der Seelenabsicht. Vertrauen läutert den Mentalkörper und führt das Denken in eine höhere Einheit. Und das Entwickeln von Courage sorgt dafür, dass unser Handeln mit dem Denken und Fühlen eins geht. Durch die Kultivierung der drei Qualitäten setzen wir einen Einheitsimpuls auf drei verschiedenen Ebenen unseres Seins: Fühlen, Denken und Handeln gehen in einen bewussten Einklang, der eine weitaus größere Resonanz erzeugt, als wenn wir diese Felder ihren unbewussten Bewegungen überließen. Zusätzlich generieren alle drei Herzqualitäten eine vierte, beziehungsweise sie eröffnen die Möglichkeit, einen vierten Zustand zu erfahren. Das tägliche Praktizieren von Mitgefühl, Vertrauen und Courage macht »zufallsanfällig« für Präsenz – den Sieg der Seele.

10
Präsenz – der Sieg der Seele

*Du bist jetzt ein Raum,
gefüllt mit Präsenz.
Es scheint wie ein Traum,
und doch ist es wahr.
All deine Sinne,
sie stehen zur Verfügung – sind jetzt voll da.
Die Kräfte des Ganzen, sie finden sich ein.
Dein Geist dehnt sich aus
und lädt Ewigkeit ein.*

Den Seelenraum einnehmen

Die Seele kennt nur einen einzigen Sieg: den über sich selbst. Wenn die Magie der freigesetzten Herzkräfte ihre Wirkung voll entfaltet, wird die Persönlichkeit überschrieben, gleichsam überleuchtet, und es setzt ein körperlich fühlbares Strömen aus dem Reich der Seele ein. Wir sind erfüllt von einer Energie, die durch uns hindurch- und gleichzeitig über uns hinausfließt. Wir sind vollkommen anwesend. Unser ursprüngliches Wesen jenseits aller Konditionierungen ist ganz da – in unserem Körper. So erfahren wir Präsenz. Die Sinne sind dabei nicht nur geschärft, sondern überwach. Die Kräfte des Ganzen finden sich ein, und so entsteht die Verbindung zu den zeitlosen Ebenen des eigenen Seins.

Das MOMENTUM ist wie ein torloses Tor. Wir können nicht hindurchgehen, es ereignet sich. Wir können zwar alles dafür tun, dass es sich ereignet, doch wir können es nicht sehen, wir können uns nur finden lassen. Dieser Teil von uns, der uns überdauert, der Ekstase kennt, der gleichzeitig im Glück erschauert, wird plötzlich fühlbar. Die Kultivierung von Mitgefühl, Vertrauen und Courage bereitet den Boden für sein Eintreffen. Auch hier hat es etwas mit dem Phänomen Zeit zu tun. Wie das Wort MOMENTUM nahelegt, ist es *Zeit in einer eigenen Bewegung*. Nicht nur ein aufblitzender Moment, sondern eine Kette von Momenten, die in sich das MOMENTUM generieren. Der Volksmund würde sagen: Die Person hat einen Lauf. Doch was läuft da genau? Was lässt die Person so laufen? Wenn wir den Prozess in seiner Tiefe untersuchen, werden wir auch in die Lage versetzt, ihn bewusst für uns zu evozieren, ihn jederzeit in uns wachzurufen. Das, was läuft, ist wie das Ausheben der normalen Zeit.

Nehmen wir das Beispiel eines Kungfu-Meisters, der, von zehn herausragenden Gegnern umringt, es vermag, diese zu besiegen.

Wie schafft er das? Allein durch Technik? Nein. Er ist in der Lage, über die Techniken, die ihm durch jahrzehntelanges Training in Fleisch und Blut übergegangen sind, hinaus eine besondere Verbindung herzustellen: Er verbindet sich mit dem Raum, aus dem heraus alle Bewegungen kommen. Seine eigenen und die der Gegner. Durch seine Präsenz in diesem Bewusstseinsraum kann er den Raum zucken fühlen, noch bevor der Gegner die Bewegung ausführt, und ist um den entscheidenden Sekundenbruchteil schneller. Dies setzt ein Gewahrsein voraus, in dem nicht mehr gedacht wird, sondern die Unmittelbarkeit der Seele mit ihren Ressourcen auf den Plan tritt und ein eigenes Zeitkontinuum kreiert: das MOMENTUM.

Das Tragische an unserem »normalen« Zeitempfinden ist, dass wir eben nicht im Moment leben. Die Erfahrung des Jetzt ist uns nicht automatisch gegeben. Etwas scheint immer zu fehlen. Dies mag der Zugang zu einem Bewusstseinsraum sein, ein Mangel an Vertrauen, Mitgefühl oder Courage, also eine Haltung, die wir nicht kultivieren. Oder es mag eine alte Gewohnheit sein, die der Körper nicht bereit ist loszulassen. Es kann auch ein Familiensystem sein, dessen Werte das Individuum unbewusst fest im Griff haben. Was auch immer es sein mag, all diese Dinge sind überwindbar und transformierbar, es reicht dazu manchmal ein einziger Moment, eine einzige Kippbewegung durch eine Seitfalltür in das Universum nebenan, und schon sind wir … im MOMENTUM.

Die hier vorgestellten Techniken und Meditationen fokussieren sich nicht auf das, was fehlt, sondern helfen, einen Spirit, einen Geist, zu erzeugen, der das MOMENTUM generieren kann. Sie beugen den Stolperfallen vor und schaffen eine neue Grundlage. In den Weisheitsschulen dieser Welt geht es seit Jahrtausenden um die Meisterung von drei verschiedenen Bewusstseinsebenen. Auf der ersten Ebene lernen wir *Fokus*. Ohne Fokus keine Manifestation. Durch Meditation und andere Übungen werden wir in die Lage versetzt, den »Monkey Mind«, den ewig hin und her springenden Verstand, ruhig werden zu lassen und unseren Geist auszurichten. Außerdem versetzt ein klarer Fokus uns in die Lage, zu einem Gefäß zu werden. Auf der zweiten Ebene geht es um die Entwicklung von *Ethik*. Erst das Herz, dann das Dritte Auge. Zunächst ist eine stabile Verankerung in den liebenden Kräften des Universums nötig, um einen Missbrauch der zu erlangenden Fähigkeiten auszuschließen. Wir erschaffen eine Basis für den Umgang mit transpersonalen Energien, die das, was wir für unsere Identität halten, sonst in einer Millisekunde wegwischen könnten. Hier ist das Herzzentrum als Ort der Sammlung in der eigenen Körpermitte von essenzieller Bedeutung, ebenso die Kultivierung verschiedener Qualitäten, die es im Alltag fühlbar werden lassen. Diese Ebene legt sehr viel Wert auf die Kraft der Intention. Die dritte Ebene umfasst alle Aspekte unterscheidender Weisheit. Wir müssen in der Lage sein, in spirituellen Feldern klar differenzieren zu können. Weisheit steht im Gegensatz zu rein mentalem Wissen in Verbindung mit der höheren Energie des Herzens und der Seele. Sind wir schließlich in der Lage, alle drei Ebenen in uns zu verankern, erhöhen sich die Wahrscheinlichkeiten für das Eintreten des MOMENTUMS exponentiell. Wir bekommen diesen speziellen »Lauf«.

Frisch Verliebte haben diesen Lauf. Sie fühlen sich unsterblich. Zeitlos. Wie in einer eigenen Zeit. Plötzlich gelingen Dinge, die sonst nie gelingen. Da wäre es also, das ultimative Rezept: sich einfach frisch verlieben. Doch in wen? Sich frisch verlieben in die eigene Zukunft! Sich über ein Herzversprechen mit der eigenen Zukunft verheiraten. Sich selbst und die eigene Zukunft mit den Augen der Liebe schauen. Die meisten Menschen erfahren in der Zeit des Verliebtseins diese Energieanhebung, da das Gegenüber ihnen einen Spiegel mit liebenden Augen vorhält, in dem sie sich selbst sehen und daran erinnern, dass sie liebenswert sind. Selbstliebe fungiert als Schlüssel zum MOMENTUM.

Im MOMENTUM MASTERY gibt es eine Übung, in der es darum geht, sich energetisch mit der gewünschten Vision, dem Abbild seiner selbst, dem geschauten Prototypen zu verschmelzen. Gegenwart und Zukunft verheiraten sich, sie werden eins. Fühlbar und im Körper verankert. Der Körper fühlt das, was ihm das Bewusstsein vorgibt, und kreiert dafür die hormonalen Umstände. Es ist daher wichtig, dies nicht dem »Schicksal« zu überlassen, sondern kreativ zu werden und positiven Einfluss zu nehmen. Diese und andere Übungen dienen dem Zweck, dem Individuum zu helfen, seine eigene Zeit zu kreieren. Wird diese in uns und für unsere Umgebung fühlbar, so sind wir *Präsenz*.

Der individuelle Faktor

Alle bisher vorgestellten Werkzeuge haben bei konsequenter Anwendung eine extrem tiefe Wirkung. Sie verändern und verwandeln unser Leben. Die größte Herausforderung auf diesem Weg sind wir selbst. Einige haben es wahrscheinlich schon geahnt: Wir können nichts bahnbrechend Neues aus unserem *alten Sein* heraus manifestieren. Sich freiwillig auf einen solchen Prozess der Selbsttransformation einzulassen erfordert den größten Mut. Masken fallen, Gewohnheiten sterben, Süchte werden frustriert, der Körper rebelliert, kurzum: Unser altes Ego kollabiert. Doch es wird das Feld niemals freiwillig räumen und ist extrem trickreich. Weißt du, wie das Opossum seine Gegner hereinlegt? Es stellt sich tot und strömt den Geruch von Verwesung aus. Wenn du dergleichen an dir selbst feststellen solltest, verfügst du wahrscheinlich über gute Opossum-Medizin, um deine Umwelt zu täuschen, doch dein Herz lässt sich nicht täuschen. Das Ego ist immer noch an der Macht.

Kraft und Kraftlosigkeit, Macht und Machtlosigkeit, Manifestationsfähigkeit und Stagnation sind zwei Seiten einer Medaille. Daher ist die Verankerung im Herzen so wichtig und das, was wir eingangs besprochen haben:

Das Finden des Traumes, der aus den Tiefen der Seele kommt.

Nicht aus jedem Menschen wird ein Mozart oder ein begnadeter Boxer. Gleichzeitig hat aber jeder ein einzigartiges Talent, eine Gabe, die nur er oder sie in dieser Form trägt. Wir imitieren in unserem Leben den Schöpfungsprozess. Jede Manifestation sucht die Urgesetze der Schöpfung einzusetzen. Einzigartigkeit ist dem Ursprung am nächsten. Hier kommt es darauf an, sich selbst tatsächlich im Höchsten wahrzunehmen und dieses freudvoll anzustreben – aus einer seelischen Perspektive heraus. Menschen nehmen sich herkömmlicherweise auf zwei Arten wahr: Die erste Art entspricht dem Bild, das sie der Umwelt präsentieren oder auch von der Umwelt gespiegelt bekommen. Hier geht es um bestimmte Eigenschaften und Fähigkeiten, sich auszudrücken, um Zugehörigkeiten zu einer Familie, einer Gruppe, einem Clan, einem Land, einem Geschlecht, kurz: um eine Art Image, das man sich selbst und anderen präsentiert. *And here lies the rabbit in the pepper ...* Tja, so kann es gehen, wenn man versucht, sich adäquat auszudrücken. So schräg, wie dieser Satz daherkommt, so schräg ist unser Image für die Seele. Wir müssen diese Bilder zerstören, um zum Kern der Seele vorzudringen. Sie sind Hilfskonstruktionen, in denen wir uns verfangen. (Bitte streiche den obigen Satz aus dem Buch! Auf keinen Fall den Kindern beibringen!)

Spirituelle Arbeit hat viel damit zu tun, dass ein Sucher zu einem Lehrer in ein Seminar kommt, um Verwandlung bittet und hernach alles tut, um genau die Transformation zu verhindern, die er sich so sehnlich wünscht. Er bringt sein Ego in Sicherheit oder arbeitet mit der Opossum-Strategie. Der Lehrer hingegen ist nur an einem wahren Seelenkontakt interessiert und wird alles tun, diese Vorgänge bewusst zu machen. In diesem Sinne kann die Wildheit eines Lehrers in einigen Fällen – nicht in allen – sehr konstruktiv sein, um seelische Kräfte freizusetzen. Es hängt vom Individuum ab. Der individuelle Faktor ist das A und O im Manifestationsprozess. Lass die Meditationen und Übungen von Individuum A durchführen, und A erfährt den größten Durchbruch der Welt. Lass Individuum B genau die gleichen Meditationen machen, und B ist immer noch der oder die Alte. Es gibt hier nichts zu verlieren außer unserer Vergangenheit. Lass dich auf das Abenteuer ein, dein Leben ganz zu leben! Die Bilder sind nicht das Leben. Die Landkarte ist nicht das Territorium. Lass die alten Bilder sterben!

»Spieglein, Spieglein an der Wand … wer ist die Schönste im ganzen Land?«, fragt das Ego sein höheres Selbst, welches sodann aufrichtig antwortet wie im Märchen. Die böse Königin als das »Ego« wünscht Bestätigung über alle Maßen. Schönheit wäre ihr nicht genug, nein, es muss der Superlativ sein: die Schönste! Schneewittchen – die reine Unschuld der Seele, welche natürlich schöner ist – soll daher umgebracht werden. Gelingt nicht ganz, denn sie landet bei den sieben Zwergen, die ihre sieben Chakren verkörpern, und überlebt durch die Ressourcen ihrer Seele. Dieses Motiv wird in etlichen Märchen und Kulturen wiedererzählt. Die Unschuld der Seele wird vom Ego gejagt, drangsaliert, gefoltert, gedemütigt, bis der Prozess sich umdreht und die Kräfte der Seele obsiegen. Im Märchen wird dies als ein äußerer Prozess mit handelnden Figuren dargestellt, während wir die Charaktere aus einer tieferen Perspektive als innere Anteile verstehen können. Das Ego in uns versklavt die Seele.

Ein weiteres Motiv in Märchen wie *Schneewittchen* oder *Dornröschen* ist, dass die betäubte, halb vergiftete, sedierte Seele durch den Prinzen wach geküsst werden muss. Das heißt, in jedem Menschen, egal, ob Mann oder Frau, kommt ein junges, unbekümmertes, männliches Prinzip ins Spiel, eine Kraft, die sich forsch durch das Unterholz schlägt oder über sieben Berge reitet, um die geliebte Seele wach zu küssen. Diese positive, wagemutige, junge Energie brauchen wir, um in uns das MOMENTUM der Seele zu aktivieren.

Selbst wenn wir in den Bestrebungen unseres Ego verfangen sein mögen, geht es darum, sich frohen Mutes auf den Weg der Seele zu machen. Die Bilder des Ego gehören der Vergangenheit an. Heute können wir wählen, was wir denken. Wollen wir uns mit anderen vergleichen oder nicht? Sind unsere Gedanken schöpferisch oder nicht? Die Zukunft liegt in unserem Denken und dem, was wir daraus machen. Niemand kann dir vorschreiben, wie du denkst. Während dein Image, das äußere Bild, sich über Vergleiche und Fähigkeiten definiert, gibt es ein weiteres Bild der Selbstwahrnehmung: ein inneres. Hier geht es um die Glaubenssätze, um das, was wir für wirklich halten und was nicht. Du ahnst es bereits? Ja, auch das zweite Bild mag sterben. Egal welche Dienste es uns geleistet hat, hier im MOMENTUM MASTERY sei es jedem gewünscht, nicht in diesen beiden Bilderwelten der Selbstwahrnehmung hängen zu bleiben. Stell dein altes Sein komplett infrage! Deine Seele hält eine weitaus größere Schau bereit. Und damit verbunden den Zugang zu einem umfassenderen Bewusstseinsraum.

Selbstliebe – die ewige Übung der Weisen

Selbstliebe heißt, sich mit den Augen Gottes zu sehen. Mehr noch, sich als göttliches Wesen auf einer Erdenreise zu sehen. Selbstliebe fordert heraus, in einer nicht blasphemischen Art und Weise, den äußeren Dialog mit Gott nach innen zu verlegen, sich selbst als ein

Fragment von Gott zu sehen. Wenn Gott in allem ist, dann doch sicher auch in dir? Bist du bereit, dem Göttlichen in dir ganz zu vertrauen? Alle Selbstzweifel sterben zu lassen? Dich nicht mehr zu vergleichen, auf- oder abzuwerten, dich nicht mehr selbst zu richten oder andere? Selbstliebe heißt, alle deine Aspekte aus dem Herzen zu lieben. Die guten, die nicht so guten, die schönen, die nicht so schönen, die hässlichen und nicht so hässlichen. Das erfordert dein ganzes Herz!

Den Schatten, die unbewussten Anteile in sich und im Gegenüber zu schätzen funktioniert nur aus einem liebenden Herzen heraus und nicht aus den wertenden Ebenen des Verstandes. Wer mit bestimmten Bildern von sich selbst identifiziert ist, wird es schwer haben, diese Perspektive aufzugeben. Selbstliebe ist eine hohe Kunst und setzt das weite Herz des Mystikers voraus, der sich in jedem und allem sieht und sagen kann: *Tat tvam asi* – das bin ich auch! Der nicht nur sich, sondern das Eine in jedem und allem sehen kann.

Selbstliebe ist nicht nur ein Gefühl, sondern auch eine zu kultivierende Denk- und Fühlhaltung. *Die Weisen üben sich in Liebe.* Sie ertappen sich dabei, wenn sie aus der Liebe fallen, und rufen sich erneut hinein in den Raum der Liebe. Sie richten sich nicht, sondern gehen gnädig um mit ihrem eigenen Fallen und dem der anderen. Es sind diese nicht-wertenden, nicht-vergleichenden Haltungen der Selbst- und All-Liebe, die gewährleisten, nicht in den Fixierungen des Verstandes hängen zu bleiben. Liebe ist eine ewige Übung, die einen täglich vor neue Herausforderungen stellt.

Manchmal versagen wir an ihr, doch die Kultivierung des liebenden Herzens allen Situationen und Menschen gegenüber lässt die Präsenz des heiligen Herzens wachsen. Es geht primär nicht um Wissen, sondern um Liebe. Präziser: um in Liebe angewandte

Weisheit, die geführt ist aus einer unmittelbaren Quelle. Das angesammelte Wissen der Vergangenheit spielt hierbei keine Rolle.

Ein Beispiel aus den Seminaren mag dies näher erläutern. Ich habe das Privileg, mit sehr tiefen, mystisch wachen Menschen in den Retreats zusammenzuarbeiten, und was hier passiert oder was sie träumen, erscheint wie eine einzige große Choreografie. Ein bestimmtes Retreat, welches das Ziel hat, in jedem Einzelnen die radikale Präsenz der Mystiker freizusetzen, nennt sich *Sieben Herzen*. Auch in ihm geht es um die Grundlagen der Manifestation.

Dort, wo Geist auf Materie trifft, pulsiert das Geheimnis der Schöpfung. In jedem Menschen gibt es einen solchen Ort: das Herz. In dem Paradoxon dieses Raumes verbinden sich Himmel und Erde, Geist und Materie zu einem lebendigen Pochen. Wir hören, fühlen und sind der Herzschlag des Universums. Lauschen wir dem Herzschlag eines anderen Menschen, verbinden wir uns gleichzeitig mit dem Herzen des Universums, das durch alle Herzen hindurchtönt. An genau diesem Ort entfaltet sich die Schönheit unserer Seele auf ihrem Weg von der Zeitlosigkeit in die Zeit. Die Adepten, Hohepriester, Schamanen und Hierophanten träumen, wissen und erahnen die Bedeutsamkeit des pulsierenden Feldes in der Mitte unserer Brust. Auf unterschiedliche Weisen suchen sie die Gottesfrequenz in unseren Herzen zu aktivieren.

Die *sieben Herzen* der Mystik, so wie sie sich in klarer Schau gezeigt haben, sind nicht zu verwechseln mit der Lehre von den sieben Chakren, sondern stellen unmittelbare Weisen dar, sich dem Geheimnis der dahinterliegenden Gottesfrequenz hinzugeben. Sie verwurzeln den Geist in unserem Sein und führen zur radikalen Präsenz der Mystiker. Im Retreat werden daher sechs individuelle Wege erkundet, wachgerufen, auf ihre Wirksamkeit überprüft, um in das siebte, das göttliche Herz zu gelangen. Es wird vorher nicht gesagt, um welche sechs Herzen es sich handelt.

Auf dem ersten Seminar dieser Art in der ersten Nacht träumte ein Teilnehmer, der ein begnadeter Heiler ist, das Thema vorweg:

Ich stehe auf einer grünen Wiese, und vor mir befindet sich ein Altar, bedeckt mit einem edlen, weißen Tuch. Auf diesem Altar liegen sechs schwarze Boxen. Ich weiß im Traum, dass es darum geht, diese Boxen zu öffnen, aber ich habe keine Ahnung, wie ich das anstellen soll. Es ist mir ein Rätsel. Da taucht rechts von mir ein vielleicht elfjähriger Junge mit blauen, blitzenden Augen auf und sagt: »Das ist doch ganz einfach!« Er führt eine unmittelbare, wahnwitzig schnelle Kungfu-Bewegung in der Luft aus, verbunden mit einem Geräusch, und die Boxen öffnen sich von selbst. Der Junge lächelt. Ich bin total überrascht und weiß nicht, wie er das geschafft hat. Dann steht hinter dem Altar plötzlich eine Hohepriesterin. Sie überreicht mir ein Buch, und es geht darum, das Buch zu lesen beziehungsweise seinen Inhalt zu verstehen. Es ist jedoch in einer mir völlig unbekannten Sprache verfasst. Sie sagt mir, es würde sich mir nur entschlüsseln, wenn ich die »Ergänzung« fände. Wiederum habe ich keine Ahnung, was sie genau damit meint. Die Ergänzung? Ich drehe mich um und sehe auf der Wiese Tausende von Menschen herumlaufen. Alle auf der Suche nach der Ergänzung! Ich schaue sie an und gehe dann an den Rand der Wiese. Dort habe ich einen Hund liegen sehen. Ich streichele den Hund und schenke ihm meine Liebe. In diesem Moment verwandelt sich der Hund in die Priesterin, und sie überreicht mir … die Ergänzung. Ein zweites Buch, mit dessen Hilfe ich das erste verstehen kann. Wiederum bin ich völlig überrascht und wache auf.

Das Faszinierende an diesem Traum ist die offene und stoische Haltung des Träumers, der sich von seiner eigenen Ahnungslosigkeit nicht verrückt machen lässt, sondern in der Situation verweilt, bis sie sich neu offenbart. Nicht sein Wissen führt zur Lösung, sondern seine liebende Haltung zur Weisheit. Sein Vertrauen in den Fluss des Lebens. Auf meine Frage, wie er ausgerechnet auf den Hund gekommen sei, antwortet er: »Das war der Einzige, der nicht gesucht hat.«

Wissen sucht. Liebe liebt. Weisheit findet. Sich selbst gerade in den Momenten zu lieben oder in der Liebe zu verweilen, in denen wir nichts wissen oder nichts kontrollieren können, ist die große Herausforderung. Selbstliebe heißt, sich selbst in der Liebe halten zu können, sich in etlichen Situationen auch *aushalten* zu können. Das Unperfekt-Sein in sich umarmen und lieben zu können. Keine Bedingung oder Leistung an diese Form von Liebe zu knüpfen. Selbstliebe in ihrer höchsten Form bedeutet: Sich ganz als göttliches Wesen anzunehmen. Dem Göttlichen in sich ganz zu vertrauen. Jetzt kann manifestiert werden.

Werde zur göttlichen Null

In einigen nordamerikanischen Indianerstämmen gibt es eine Art Rang und Ehrentitel: den Zero Chief. Was für eine erstaunliche Zuschreibung – Häuptling der Null oder vielleicht des Nullpunktes? Man meint damit eingeweihte Medizinleute, die eine Verbindung zu dem *Nichts* haben, *das alles ist*. Wenn wir davon sprechen, unseren Seelenraum einzunehmen, Präsenz zu erfahren, geht es um ebendieses *Nichts, das alles ist*. Aus dem alles hervorgeht. Aus dem wir schöpfen können. Weise können ihr Ego zur göttlichen Null werden lassen und sich mit der Energie dahinter verbinden. In unserer Zivilisation, die dem adoleszenten Ego frönt und es durch Schönheitskult und Jugendwahn zum Götzenbild erklärt, stellt dies ein hehres Unterfangen dar. Es setzt ein absolutes Commitment der Seele voraus, ein Versprechen des Herzens, um zu obsiegen.

In unserem subjektiven Zeitempfinden vermögen wir die Zeit zu dehnen. Präsenz heißt, ganz in der Zeit zu sein oder selbst die Zeit zu sein. Wie auch immer wir es definieren, Präsenz hebelt den unbewussten linearen Zeitpfeil aus, dem wir uns kollektiv verschrieben haben. Bitte frage dich einmal: Welche Momente gab es in deinem Leben, in denen die Zeit wie ausgehebelt war? Kannst du dich erinnern?

Das Geheimnis der Schöpfung schwingt an diesem Nullpunkt, dessen Symbol ein Kreis ist. Die Zero Chiefs residieren an diesem Geheimnis. Das Update unserer Betriebssysteme in einem Computer erfordert zumeist einen Neustart. Das heißt, der Prozess geht erst einmal über null, um sich neu zu konfigurieren. Die Quantenheilung arbeitet mit dem Kollabieren der Wellenfunktion, auch hier geht es über null – in eine neue Realität hinein. Wenn Menschen sich innerer und äußerer Transformationsarbeit verschreiben, geht dieser Prozess ebenfalls erst einmal über null. Die Null ist weitaus spannender, als es in diesem Werk ausführlich erklärt werden könnte. Ergänzen wir eine Zahl um die Null, landen wir in einer weiteren Dimension und potenzieren ihre Energie. Die Null ist wie eine Ganzheit, die sich nicht mehr teilen lässt, wie das Maß aller Dinge, der Ursprung der Schöpfung. Befinden wir uns mit dem Bewusstsein am Nullpunkt der Zero Chiefs, sind Vergangenheit, Gegenwart und Zukunft nicht mehr trennbar. Wir sind in einer Jetzt-Zeit! Ist das nicht cool?

Werde zur Null und erschaffe alles.

Schöpfen aus der Null

Ob wir uns nun über den Raum und seine Unendlichkeit oder über die Zeit und ihre Ewigkeit dem Prozess der Schöpfung annähern, wir werden auf beiden Wegen wieder und wieder in das Nullfeld, in die Leere, aus der alles hervorgeht, verwiesen. Hier liegt der große Schatz der Mystiker und Weisen, die sich in den Mysterienschulen diese Felder zugänglich gemacht haben. Wir stehen auf den Schultern von Bewusstseinsgiganten, die vor uns Räume geöffnet haben und die Schlüssel in ihren Zeremonien, Schriften und energetischen Übertragungen weitergaben.

Was bedeutet es genau, »Leere« wahrzunehmen? Geht das überhaupt mit der den Menschen innewohnenden Sensorik, die uns durch die Welt der Formen navigiert? Wie unterscheidet sich Leere von Geist und Bewusstsein? Offenbar definiert sie sich durch die Abwesenheit von etwas: von Form. Nun merkt allerdings der Buddha im heiligen Herz-Sutra an: »Form ist Leere – Leere ist Form.« Er verweist uns direkt auf die ewige Verbundenheit beider Aspekte und fordert uns damit auf, stets beide Seiten einer Erscheinung im Blick zu haben. Wir können uns hier mental ewig im Kreis drehen, ob wir auf den Yin-Pol von Mutter Erde hüpfen, auf die Yang-Perspektive von Vater Zeit, auf den Form-Aspekt oder auf die Leere.

Das, was wir mit unserem Bewusstsein umkreisen, ist immer polar aufgestellt, und doch gibt es einen Punkt (örtlich) oder einen Moment (zeitlich), die noch nicht festgelegt zu sein scheinen und die wir mit der Kraft unserer Gedanken maßgeblich beeinflussen können. Die Gedanken setzen etwas in Bewegung. Eine Form entsteht (Raum), aber ich kann sie nur in der Zeit wahrnehmen. Eine Zeit entsteht, aber ich kann sie nur in der Form wahrnehmen. Entscheidend für uns als Bewusstseinspioniere ist nicht, ob wir die

Weltpolaritäten umfassend erklären können, sondern ob es uns durch ein tieferes intuitives Verstehen der Schöpfungsgesetze gelingen mag, diese zur Verwirklichung unseres Lebenstraumes einzusetzen. Zur göttlichen Null werden heißt, das Ego vollkommen zur Seite treten zu lassen, ein reines Gefäß zu sein, durch das überpersönliche, göttliche, transzendente Kräfte fließen. Der Zugang zu diesen Kräften führt über die Null.

Viele Initiationsmysterien aus den Weisheitsschulen sind Sterbe- und Wiedergeburtsrituale. Die alte Persönlichkeit soll sterben – auch hier über die Null –, damit die Seele wiedergeboren werden kann. Der junge Indianer verweilt auf seiner Visionssuche mehrere Tage in der Wildnis, um den großen Seelentraum seines Lebens zu schauen. Er kehrt verwandelt zurück. Das Kind ist gestorben, der Krieger geboren.

Alles auf Anfang. Zurück zur Null. Lassen wir Sorgen, Ängste, Zweifel auf null gehen! Übergeben wir sie dem Nichts! Lassen wir uns als Phönix in der Asche verbrennen und stehen wieder auf! Wir können Kultur um Kultur bemühen und werden überall den ewig gleichen Vorgang finden. Neues Schöpfen ist möglich, wenn die alte Realität zunächst gelöscht wird. Dies ist unter anderem die große Herausforderung, die sich unseren Körpern stellt, die ab 35 Jahren neurologisch rigide und repetitiv werden und im Extremfall nur noch von den guten alten Zeiten träumen. Hier gilt: sofort zurück auf null und das aktuelle Genieprogramm herunterladen. Wir müssen unsere Biologie transzendieren und die alten Gesetze außer Kraft setzen. Um dann mit freiem Bewusstsein neue Gene anzuschalten, neue Ressourcen freizulegen und die Welt neu zu entdecken – im Einklang mit den großen Zyklen der Natur und ihrer tieferen Harmonie. So entsteht Präsenz. Jetzt können wir unseren Seelenraum einnehmen. Wir sind der Seelenraum.

11
Das Glück einladen – heirate deine Zukunft

Lang schon sucht jeder Mensch
nach seinem Glück.
Der Blick, er richtet sich nach außen
auf Ruhm und Macht und Geld.
Er sucht im Andern, in den Kindern,
auf vielen Wegen dieser Welt.
Und erst am Ende seiner Reise
kommt plötzliches Erkennen:
Du bist das Glück.

Lebensglück – der Ordnung des Kosmos folgen

Seit Jahrtausenden suchen Menschen das *Glück*. Während viele Dinge wie Essen, Sicherheit, Ruhm, Macht, Geld, Abenteuer gesucht werden, um dadurch *glücklich* zu werden, so sucht der Mensch das Glück um seiner selbst willen. Es ist eine evolutionäre Komponente, der wir folgen. Obwohl Menschen heutzutage älter werden und länger gesund bleiben, scheint es sie jedoch nicht glücklicher zu machen. Was also ist der Schlüssel zum Glück? Zu einem glücklichen Leben? Ist es abhängig von äußeren Gegebenheiten, oder ist es ein *inside job,* eine innere Angelegenheit? Es ist offenbar nichts, was man mit Geld kaufen könnte oder durch Macht, Ruhm und Ähnliches erlangen würde. Manche Menschen suchen es im Partner und in den Kindern. Jeder verlagert es in das jeweilige Gegenüber. Oder es wird von dem Eintreten beziehungsweise Nicht-Eintreten eines Ereignisses abhängig gemacht.

Auf einem Herz-Workshop sagt eine Frau in den Sechzigern, sie habe zwei wunderbare lange Partnerschaften gehabt und viele Länder bereist, doch es habe sich nicht ergeben, dass sie Kinder bekommen habe. *Sie sei nicht glücklich!* Auf dem Platz neben ihr wird eine Teilnehmerin in den Dreißigern ganz unruhig und meint, sie sei auf einem katholischen Bergbauernhof aufgewachsen, habe in dem Dorf geheiratet und, bis sie 30 Jahre alt war, sieben Kinder bekommen. Sie habe keines der Kinder wirklich gewollt. *Sie sei auch nicht glücklich!*

Glück? Unglück? Es ist offenbar sehr von unserer Perspektive abhängig und hat damit zu tun, wie wir mit unserem Bewusstsein auf Ereignisse reagieren und ob es uns gelingt, die inneren Realitäten zu meistern. Menschen, die aus ihrem inneren Bewusstsein heraus ihr äußeres Leben bestimmen, sind glücklich. Sie haben eine seltene Balance gefunden. Bis diese Wendung nach innen aber stattfindet, wird in unendlich vielen Biografien im Außen gesucht.

Der reine Atem des Glücks trifft bisweilen auf ein offenes Herz. Glück ist etwas, das dich findet, so wie das MOMENTUM sich in dir ereignet, doch es bedarf der Kultivierung und der inneren Bereitschaft dazu. Glücklich ist, wer die Balance gefunden hat zwischen seinen einzigartigen Gaben und der Fähigkeit, diese in der Welt auszudrücken. Wenn jemand mit hoher Begabung im Boxen und minimaler Musikalität meinen würde, durch eine genaue Kenntnis der Manifestationsgesetze ein Virtuose auf der Violine zu werden, dann wäre ihm zu empfehlen, vorher die Boxhandschuhe auszuziehen, sonst wirken die Töne, die er produziert, wie ein wilder Schwinger auf das Trommelfell. Was ich mit dieser schrägen Metapher sagen möchte, ist: Wir brauchen eine klare Einschätzung der Möglichkeiten, mit denen wir uns optimal verbinden können.

Auf diesem Feld können wir grenzenlos schöpfen und unsere Fähigkeiten durch Ausdauer und Training so verfeinern, dass an einem speziellen Punkt das MOMENTUM entsteht. Wir haben mit unserem Bewusstsein diese Prozesse dann so weit gemeistert, dass sie eine eigene *Bewegung wie von selbst* kreieren. Wenn Tänzer und Tanz so zu einer Einheit werden, dass etwas durch sie hindurchtanzt, dann entsteht diese zutiefst beglückende Erfahrung – das MOMENTUM.

Es scheint so, als ob dieses absolute Fokussiert-Sein, das Ausblenden der Außenwelt beziehungsweise der verschiedenen Einflüsse der Außenwelt den besonderen Moment erst möglich machen. Wenn der Maler mit dem Akt des Malens verschmilzt, kann er zur Höhe seiner Kunst vordringen. Und es entsteht Glück. Fast wie nebenbei. Wie ein Nebeneffekt des MOMENTUMS. Auch ist das

Hinarbeiten auf das Erreichen eines Zieles – bis an die Grenzen der eigenen Kräfte und darüber hinaus – ein Merkmal, das Glücksmomente kennzeichnet.

Es ist also von erheblichem Vorteil, wenn wir über die Fähigkeiten verfügen, die Bewusstseinskräfte innen zu bündeln. Diese tragen dazu bei, das Schicksal im Außen zu gestalten. So entsteht Glück. Wenn wir unsere Spezialbegabung – was auch immer es sei – oder das, was wir am allerliebsten machen, so vollkommen ausführen können wie nur möglich, dann sind wir als Menschen glücklich und fühlen einen höheren Sinn. Dabei handelt es sich in der Regel um eine Tätigkeit, die wir um ihrer selbst willen ausführen, weil sie uns große Freude bereitet und wir darin eine Erfüllung finden.

Es braucht nicht nur das Wissen um das MOMENTUM MASTERY, es braucht auch die konkrete individuelle Anstrengung. Wenn lediglich externe Stimuli angestrebt werden wie Macht, Ruhm, Geld, Sex, also Dinge, die unser Vergnügen maximal steigern sollen, wird die Befriedigung, die kurzfristig erlangt werden mag, langfristig nicht glücklich machen. Es ist, als ob du versuchen würdest, Löcher zu füllen, die auf diese Art niemals zu füllen sind. Langfristiges Glück entsteht durch einen Bewusstseinsstrom, der einer inneren Ordnung des Kosmos folgt. Können wir die Bewusstseinskräfte so kanalisieren, dass unser Gefäß stark genug ist, diesen Strom zu halten, lösen sich die Schleier der Separation.

Unzufriedenheit mag an äußeren Umständen festgemacht werden, sie ist und bleibt jedoch immer eine innere Reaktion. Sie ist eine Wahl. Wir sind in der heutigen Zeit, in der alte Wertesysteme nicht mehr gelten und neue tastend erprobt werden, als Individuen extrem herausgefordert. Wer sein Glück im Glanz äußeren Goldes zu erlangen sucht, mag sich auf eine turbulente Achterbahnfahrt einstellen. Im MOMENTUM MASTERY liegt das Gold innen, und ist es erst einmal gefunden, beginnt eine wunderbare Reise in die Heimat der magischen Manifestation. Die eigene Herzkraft wird freigesetzt!

Das Herz als Meister wählen

Das Herz als Meister zu wählen beinhaltet zunächst einmal, es überhaupt in seiner ganzen Tiefe wahrzunehmen. Eine starke Referenzerfahrung in Form einer Einweihung oder ein spontanes Erwachen machen dies möglich. Das Öffnen der Herzpforten lädt die Kräfte des Universums ein, ihre volle Wirkung zu entfalten. Schöpfung geschieht sodann aus Räumen, die weit über persönliche Ressourcen hinausgehen. Dies sei an folgendem Beispiel dargestellt: Wir können mit dem Herzen vier zentrale Bewegungen ausführen, wenn wir aus den ägyptischen Mysterienschulen die Smaragdtafeln von Hermes/Thot und ihr uraltes Resonanzgesetz »Wie oben, so unten, wie innen, so außen« neu interpretieren.

Folgen wir also unserem Herzen und machen zunächst eine Bewegung nach *innen,* indem wir lernen, unsere äußeren Sinne zurückzuziehen, und eine neue Art des Hörens entwickeln. Es ist wie das Umstellen auf innere Frequenz, wir fangen an, den Ton unserer Seele zu vernehmen und gleichzeitig auf unser Herz zu hören, das in konkreten Botschaften auf dieser inneren Ebene zu sprechen beginnt. Diese Stimme des Herzens ist individuell unterschiedlich wahrnehmbar: für einige eher als ein Wort oder Gedanke, für andere als eine Art Hellfühligkeit. Auf diesem Gang nach innen geht es um die Entwicklung der Fähigkeit, *mit dem Herzen zu hören.*

Die zweite Bewegung des Herzens ist die nach *unten* in die inneren Abgründe, die Unterwelt, alles aufsuchend, was verdrängt, abgespalten, vergessen, verleugnet wurde. Hier wird vom Aspiranten verlangt, ganz Ja zu sagen, zu allen Aspekten von sich. Das

Ego vermag dies nicht. Nur das Herz ist dazu in der Lage. Weiterhin sind wir gefordert, ganz Ja zu sagen zu Zeit und Raum, zu unserem Leben in Zeit und Raum, mitzuweben am Weltentraum und bewusst ein Lebensschöpfer zu werden. Wir sind gefordert, das Herz in der Dunkelheit zu finden: in dem, wovor wir Angst haben und was uns dunkel erscheint, um schlussendlich diese Ebenen im alchemistischen Schmelztiegel des Leuchtenden Herzens zu transformieren. Wir entwickeln die Bereitschaft, *dem Herzen zu folgen*.

Die dritte Bewegung des Herzens führt nach *oben* aus dem Körper heraus. Dies ist eine eher seltene Bewegung in den Herz-Teachings, da die meisten Menschen nicht voll in ihrem Körper sind. In einem sicheren Rahmen können wir jedoch auch diese Bewegung durchführen und einen Geistflug unternehmen, der uns mit der höchsten Schau der Seele verbindet. Es ist, als ob wir verschiedene mögliche Wege überfliegen würden, und einer davon leuchtet am hellsten. Es ist nicht so, dass die anderen nicht auch gangbar wären, doch einer ist der der Seele, einer trägt das höchste Licht. Diesen Weg mögen wir zum Leitstern werden lassen. Wir kultivieren das Geschenk, *mit dem Herzen zu sehen*.

Die vierte Bewegung des Herzens führt nach *außen* und direkt in unseren Prozess des MOMENTUM MASTERY. Es geht darum, das Gesehene in die Welt zu bringen. Jetzt werden wir zum Botschafter unserer Seele und sind gefordert, ihre Wahrheit kühn zu sprechen. In dem Moment, in dem wir aus der Einheit sprechen, bekommt unser Wort eine besondere Kraft, und es erfordert ein hohes Unterscheidungsvermögen, um zu erkennen, wann es wichtig ist zu sprechen und wann zu schweigen. Weise bleiben manchmal stumm. Der achtsame Umgang mit dem Wort inspiriert, der inneren Führung zu folgen und *aus dem Herzen zu sprechen*.

Das Erlangen dieser vier Fähigkeiten sowie das Kultivieren von Mitgefühl, Vertrauen, Courage und Präsenz sind nichts, was wir vom Universum einfach geschenkt bekommen. Das Herz als Meister zu wählen oder das Herzbewusstsein zu meistern braucht unsere Zuwendung und Aufmerksamkeit. Wir erinnern uns:

Energie folgt der Aufmerksamkeit.

Unsere Lebensqualität hängt davon ab. Ob wir uns christlichen Wegen, buddhistischen Methoden oder yogischen Techniken widmen, alle eint der Versuch, mit dem Bewusstsein den Körper, die Umwelt, das Leben in einer anderen Art als der herkömmlichen zu meistern. Hier ist mehr als nur Intelligenz gefragt. Es braucht Hingabe, Ausdauer und Ausgerichtet-Sein, es braucht die ganze Willenskraft der Seele. Es braucht eine tägliche Praxis, die den Bewusstseinsstrom der Seele im Alltag hält.

Wenn wir uns so trainiert haben, dass wir das eigene Nervensystem beeinflussen können, dann lassen sich innere Zustände steuern, und deren Prozesse erlangen eine gewisse Autonomie. Wir halten den Schlüssel für Glück oder Unglück in der Hand. Egal was im Außen passiert, wir können von innen steuern. Dies scheint eines der wesentlichen Merkmale für die Erzeugung von Glück zu sein. Wenn wir die Bewusstseinskräfte kanalisieren, das heißt, ihnen durch Aufmerksamkeit und Intention eine Richtung geben, die in Einklang steht mit unserem Lebenstraum, dann stehen uns die Himmel offen. Die Energie bekommt einen Schub und wächst exponentiell an. Jetzt leben wir das MOMENTUM als freies Fließen. Wie sind im Flow.

Der Kosmos folgt einer inneren Gesetzmäßigkeit. Im Prinzip ordnen wir unser Bewusstsein analog dazu, wenn wir es kanalisieren, und bringen es der natürlichen Harmonie des Kosmos näher. Wir bewirken eine größere Resonanz mit den Schöpfungsräumen. Wenn wir also das Happy End, den heiligen Traum der Seele – geschaut auf der mehrtägigen Visionssuche –, durch Meditation in die Gegenwart ziehen und innerlich verkörpern, selbst wenn er im Außen noch nicht existiert, stellen wir durch diese tägliche Zuwendung Geburtskanäle her, die seine Existenz im Außen erst ermöglichen. Der zweite Punkt ist, dass der eigene Lebenstraum grundsätzlich auch der tatsächlichen Begabung entspricht und das Universum uns so mit Chancen und Möglichkeiten versorgt, die wir ergreifen können. Sobald Handeln und Aufmerksamkeit verschmelzen, kommen wir in das MOMENTUM.

Tunnelblick ins Glück

Eine der größten Herausforderungen und zu entwickelnden Qualitäten in unserer Zivilisation ist das Selektieren von Information. Die Welt ist unüberschaubar geworden. Das Wissen der Menschheit verdoppelt sich in atemberaubend kurzen Zyklen, und kein Einzelner kann mehr einen allumfassenden Überblick über sein Fachgebiet haben. Ich habe mir während einer Recherche zu einem unveröffentlichten Buchprojekt zum Thema Leadership folgenden Rechenspaß erlaubt: Wenn ich alle Bücher zum Thema Leadership lesen würde, um mir einen präzisen Überblick über das Forschungsfeld zu verschaffen, wäre ich bei damals geschätzten zehntausend Titeln und einer Lesegeschwindigkeit von einem Buch pro Tag in etwa 27 Jahren damit durch. Als die Zahl auf meinem Taschenrechner aufblitzt, überkommt mich ein kosmisches Kichern. In der Zeit, die mir dann zum Schreiben bliebe, würde es sich natürlich wieder x-fach multipliziert haben. Willkommen in der Moderne!

Die Fähigkeit, sich davon nicht verrückt machen zu lassen und Informationen herauszufiltern, die essenziell für das eigene Leben sind, gerät zum hohen Gut, ebenso wie die Zugänge zu intuitiver Weisheit. Auch bei der Erzeugung des MOMENTUMS spielt es eine entscheidende Rolle, die Außenwelt außen vor zu lassen, um in den *Tunnel* zu kommen. Nur so lässt sich die große Welle surfen. Es gibt nur dich, die Welle und den Tunnel. Alles andere ist in dem Moment ausgeschaltet. Alle großen Künstler, Athleten, Bergsteiger, Forscher, Lehrer oder Heiler gehen in diesen Tunnel der Wahrnehmung, wenn sie sich in totaler Konzentration ihrem Metier hingeben. Sie sind komplett auf dem Informationsstrang, der für ihre Kunst notwendig ist.

DNA – Das Neue Abenteuer

Für viele Forscher ist es eine faszinierende Frage, inwieweit unsere DNA wie eine kosmische Datenbank funktioniert, die einer eigenen Semantik, Linguistik und Grammatik folgt und damit durch Worte und Vibrationen veränderbar ist. Aufgrund meiner eigenen Forschungsarbeit in den Herzseminaren ist für mich klar, dass die DNA auf Gedanken, Worte und Gefühle reagiert. Unsere Körper sind wie ein riesiges Datennetz, und eine Fülle von Kommunikation läuft unbewusst. Wenn wir davon ausgehen, dass über Wellen kommuniziert wird, müssen wir die richtige Trägerwelle finden, den Bewusstseinsraum, der in Form dieser Welle schwingt und mit unserer DNA kommuniziert, um eine andere heilende Information einzusetzen. Ich habe ihn als Raum der *existenziellen Berührtheit* beschrieben, um zu verdeutlichen, wie er sich anfühlen mag. Die wissenschaftlichen Beweise will ich anderen überlassen, vielmehr möchte ich dich dazu einladen, dich in dein eigenes Experiment hineinzustürzen. Das Risiko ist extrem gering. Wenn du eine heilende Information in deinem Geist aufrechterhältst, aber den Raum oder die Frequenz verfehlst, passiert einfach nichts, und du hast in diesem Zeitraum keinen weiteren Unsinn angestellt. Das ist für viele Menschen auch schon ein großer Fortschritt! Für mich liegt die Lösung in der Kombination der Information mit …

*… der Trägerwelle, dem Bewusstseinsraum,
der erhöhten Emotion, dem totalen Fokus,
der vollkommenen Gegenwärtigkeit,
der langsamen Frequenz.*

Wähle das Wort, das deinen Geist optimal öffnet und es der Information erlaubt, an deiner DNA anzudocken. Mit allen genannten Schlüsseln generierst du ein neues Feldbewusstsein. Du überschreitest die Grenzen deines herkömmlichen Selbst und wirst zu einem generierenden Teil des Feldes – oder du verschmilzt mit dem Feld. Jetzt ist das Universum auf deiner Seite, da du den Anschluss nicht verpasst hast, sondern mit einer größeren Kraft schwingst und dich für diese transparent und durchlässig gemacht hast. Für Albert Einstein war das Feld die einzig bestimmende Kraft über das Teilchen. Unser Bewusstsein überträgt zu jedem Zeitpunkt Informationen in das Feld um uns herum. Selbst wenn du dich geheim halten wolltest, könntest du es nicht. Jeder einigermaßen begabte Hellseher wäre in der Lage, deine Informationen aus dem Feld zu fischen.

Das weite Herz der großen Mystiker erfährt durch die Erkenntnisse der heutigen Herz- und Hirnforschung ein Revival. Wichtig ist hierbei: Überlasse den Forschern nicht das Feld! Sonst hast du am Ende wieder ein Set an Landkarten, aber kein gelebtes Leben. Es geht hier nicht um Lektüre, sondern um dein zu gestaltendes Schicksal. Es geht um dein Leben! Springe direkt in die Übungen hinein. Lass es dir nicht nehmen, deine DNA zu beeinflussen, ringe um dieses Bewusstsein! Je mehr Menschen diesen Zugang kultivieren, desto einfacher wird es für den Einzelnen. Wenn wir das Herz als Meister wählen, haben wir uns für den stärksten möglichen Zugang entschieden, mit dem wir in das universelle Feld hineinstrahlen. Alle Forschungen, die zur Herz-Kohärenz gemacht wurden – von Instituten wie beispielsweise Heart Math in Boulder Creek, Kalifornien –, zeigen, dass das Herz der Körperteil ist, der das stärkste Signal aussendet. Wir haben es in der Hand, welche Informationen auf dieser Welle ihren Weg in die Welt und damit in die Manifestation finden. Die Forschungen zeigen weiterhin, dass negative Emotionen wie Trauer, Angst, Wut oder Hass das Wellenmuster schwächen, während positive Emotionen es stark und stabil machen. Viele Menschen unterschätzen die Tragweite ihrer emotionalen Welt. Alles wird permanent in das große Feld eingespeist. Und so wenig wir unseren Emotionen tatsächlich ausgeliefert sind, da wir schließlich wählen können, so wenig sind wir dem Schicksal ausgeliefert, da wir hier genauso wählen können. Das Herz meistert den Emotionalkörper! Wir sollten dazu übergehen, das Herz als eine Sendestation zu betrachten.

Programmdirektor des eigenen Lebens

Da das Herzzentrum die große Broadcast-Station unseres Seins ist und wir jederzeit selbst bestimmen können, was wir senden, stellt sich die Frage, warum Menschen dies nicht zum eigenen Segen und zum Wohl aller permanent einsetzen. Was hält sie davon ab, Souverän des eigenen Seins zu sein? Die Antwort lautet: Sie leben sich nicht selbst, sondern folgen dem Drehbuch anderer. Würden sie dem eigenen Drehbuch folgen, dem Originalskript ihrer Seele, würde ihr Herz vor lauter Glück den ganzen Tag »Walking on sunshine« ausstrahlen. Es ist die Krux, dass wir nur selten dazu ermutigt werden, dem Originalskript zu folgen.

Auf Hawaii beobachten die Menschen, wenn ein Kind geboren wird, in den ersten Jahren ganz genau, wohin es das Kind zieht. Ist es ein begeisterter Jäger oder Fischer, oder hilft es anderen Kindern sofort, wenn diese sich verletzen? Hat es eine besondere handwerkliche Geschicklichkeit oder ein tänzerisches, vielleicht sogar musikalisches Talent? Was auch immer es sei, die einzigartige Gabe des Kindes wird zu erkennen gesucht und dann gezielt gefördert. Was ursächlich von den Älteren geschaut wird, ist das Originalskript dieser Seele. Nach bestem Wissen und Einschätzung versuchen sie, diesem Kind einen Rahmen zu geben, in dem es sich seiner höchsten Qualität entsprechend entfalten kann. Denn wenn wir einfach nur die Programme unserer Ahnen wiederholen, leben wir als unbewusste Kopien ihres Lebens. Wir spielen in der gleichen Serie, nur in der nächsten Generation, und leben an der möglichen Gestaltungsfreiheit unseres Schicksals vorbei.

Wie tief und internalisiert diese Werte sind und welche große Herausforderung es bedeutet, sich davon zu lösen, wird mir häufig vor Augen geführt, wenn ich den intensiven dreistündigen Workshop *Father Healing – das Heilen der Vaterbeziehung* halte. Dort geht es um das Freisetzen der eigenen Herzstimme – jenseits aller anderen Stimmen, die wir in uns vernehmen –, um in die eigene Souveränität zurückzufinden. Wenn die Vaterbeziehung geheilt ist, beginnt die Herzstimme zu sprechen. Sie trägt weder Klage noch Schuld vor, sie ist einfach nur sie selbst und spricht aus einem ureigenen Raum. So schöpft sich Leben ständig neu, und Seelen atmen wieder frei. Um Programmdirektor des eigenen Lebens zu sein, musst du die Programme kennen, die in dir laufen, oder besser: in denen du läufst. Nur mit dieser Bewusstheit kannst du Einfluss nehmen. Das Glück liegt in dir.

Bewusst durch die Nacht

Selbst wenn wir uns mit ganzem Herzen für unser Glück entscheiden, kann es sein, dass wir weiterhin in Programmen verfangen sind, die uns ein Leben lang bestimmt haben. Das eigene Unvermögen kann jedoch für uns zur Chance werden, zur großen Wandlungskraft. Wir brauchen den gewandelten Blick der Weisen auf die Welt. Wir brauchen Brückengänger des eigenen Bewusstseins. Wiewohl es eine letztendliche Unabhängigkeit nicht geben mag, da wir als Menschen interdependente Wesen sind, welche sich stets gegenseitig brauchen, so ist doch Lebensglück unmittelbar verbunden mit der Entschlossenheit, das ureigene Drehbuch zu leben, der innersten Seelenabsicht zu folgen. Bei Tag und bei Nacht.

Im MOMENTUM MAstery gibt es eine Meditation namens *Night Sky,* die an der wichtigsten Zeit des Tages ansetzt, nämlich kurz bevor wir in den Bewusstseinszustand des Schlafes hinüberwechseln. Die Weisen meditieren seit Jahrtausenden während der Übergänge vom Tag in die Nacht und von der Nacht in den Tag, ganz früh am Morgen direkt nach dem Erwachen oder ganz kurz vor dem Einschlafen. Warum? Weil sie die energetische Frequenz für den Tag beziehungsweise die Nacht bewusst setzen und über ein tiefes Wissen um die Wirkung dieses Setzens verfügen. Wieder gilt: *Energie folgt der Aufmerksamkeit.* Insbesondere die Qualitäten der Nacht werden von vielen spirituell aufgeschlossenen Menschen unterschätzt.

Unser Körper wird in der Nacht nicht nur regeneriert, repariert, manchmal sogar geheilt, sondern auch für den nächsten Tag programmiert. Daher sind die letzten Minuten vor dem Schlaf essenziell. Was immer wir durch unser Bewusstsein vorgeben, wird in der Nacht umgesetzt. Geben wir vor, dass alle Zellen, Nerven, Fasern, Blut und Knochen sich mit dem MOMENTUM des Lebenstraums, der höchsten Seelenabsicht, verbinden, so wird genau das stattfinden. Für viele Menschen ist Schlaf lediglich eine unbewusste Zeit, an die sie wenige Erinnerungen haben. Nutze als Bewusstseinspionier diese Zeit!

In den Kulturen der *indigenous people,* der eingeborenen Stämme, haben ganze Clans sich dieser besonderen Zeit gewidmet und Einzelne zu Traumsehern, zu Nachtadlern, zu Schamanen des Schlafes ausgebildet. Der Schlaf ist ein noch nicht hinreichend erforschtes Feld mit immensen Möglichkeiten. Nutzen wir daher diejenigen, die sich uns im Alltag bieten! Gleiten wir mit höchstmöglichem Bewusstsein in die nächtliche, heilende Zeit. Laden wir die Heilkraft einer Sternennacht in unseren Körper. Die Gedanken, die wir uns vor dem Schlafengehen schenken, werden in dieser und in jeder anderen Nacht die Zukunft unseres Lebens bestimmen. Es ist, als ob wir ein nächtliches Update unserer körperlichen Festplatte gezielt einleiten und den kosmischen Download die Nacht hindurch laufen ließen, um am nächsten Morgen erfrischt und erneuert zu erwachen. Gedankenkraft, so eingesetzt, wirkt enorm potenziert, da wir sie direkt in den *subconscious mind* – das unbewusste Feld, das uns definiert – hineingeben und dieses für uns arbeiten lassen.

Das Individuum und das Feld

Während sich die Menschheit im Laufe ihrer Geschichte aus einem Gruppenbewusstsein mehr und mehr herausentwickelt hat, hin zu einem individuelleren Bewusstsein, stellt sich folgende Frage: Wie haben wir denn eigentlich früher kommuniziert – als Teil eines Feldes? Mit Schwarmintelligenz oder über Telepathie? Diese Form der Kommunikation ist heute in den Hintergrund getreten, während wir digital mit der ganzen Welt vernetzt sind. Moderne Bewusstseinsforschung setzt an den Mysterien der DNA an, präziser: an dem Feld, in dem sich die DNA befindet. Experimente werden durchgeführt, in denen Wissenschaftler einer Nährlösung alle DNA-Teilchen komplett entnehmen und feststellen: Die Information ist ja immer noch da! Wie kann das sein? Haben wir jetzt eine Phantom-DNA? Und wenn die Informationen, die in den entnommenen DNA-Teilchen steckte, immer noch vorhanden ist, wo befinden sie sich dann? Offensichtlich im Feld ... in einem Feld, das jeden Einzelnen und uns alle umgibt. Im unendlichen Bewusstseinsozean, der sich wieder und wieder aus unseren Gedanken neu speist und formiert. In der Akasha-Chronik, der universellen Datenbank.

Für uns ist es im MOMENTUM MASTERY an dieser Stelle wichtig, uns zu vergegenwärtigen, welche enorme Kraft jedes Individuum hat, um auf dieses Feld einzuwirken. Und umgekehrt sich bewusst zu machen, welche enorme Kraft das Feld hat, um unmerklich das Leben jedes Einzelnen zu definieren. Der individuelle Faktor ist von essenzieller Bedeutung, da nur durch bewusste Individuen ein neues Feld entstehen kann, welches nicht einem archaischen Herdentrieb entspricht. Wir brauchen hochwirksame Meditationen und Übungen, die uns direkt mit der Matrix, mit dem Schöpfungsgrund, verbinden. Selbst wenn dieser Raum verbal kaum zu kommunizieren ist, so ist er doch erfahrbar. An dieser Stelle ist jeder Leser gefordert, zum Bewusstseinspionier seiner selbst zu werden und diesen Teil in sich wachzurufen.

12
Flow – der unvermeidliche Erfolg

*Das Momentum des Herzens
ist ein torloses Tor.
Du kannst nicht hindurchgehen,
es ereignet sich.
Du kannst es nicht sehen,
es findet dich.*

Unvermeidlicher Erfolg entsteht im Jetzt

Erfolg ist das, was erfolgt, wenn wir uns selbst folgen. Wie folgen wir uns selbst? Durch inneres Geführtsein aus den Tiefen der Seele. Gibt es Seelenführer, die helfen können? Seelen, die größer sind als unser eigenes Leben? Die Antwort lautet: Ja, und jeder kann zu einer solchen Seele werden – wenn der eigene Traum Segen für andere beinhaltet. Dies ist das entscheidende Kriterium: Der Lebenstraum muss so groß sein, dass er das Leben anderer und das Wohl des Ganzen umfasst.

Der Flow – das Fließen – entwickelt sich automatisch, wenn wir die äußeren Umstände vergessen, in der Bewegung des Moments aufgehen und in einer eigenen Zeitzone verweilen, dem Kontinuum des höheren Selbst. Diese Hingabe an das ganze Leben setzt das MOMENTUM in Bewegung. Es geht um eine Bewegung in eine noch tiefere Form von Präsenz. Je tiefer wir in unser Selbst, in den Raum der Seele, vordringen, desto mehr entsteht ein Vertrautsein mit dem Leben an sich. Wie wir in unserem Prozess erfahren, bedeutet dies ein Annehmen des Körpers sowie aller emotionaler Zustände bei gleichzeitigem Aufrechterhalten eines zeitlosen, differenzierenden Bewusstseins.

Es reicht nicht aus, nur zu denken, dass wir im Jetzt seien. Wenn wir denken, befinden wir uns in der Vergangenheit oder Zukunft, wir sind nicht präsent. Wir sind mental bei uns selbst oder anderen, verstrickt in die eigenen oder fremden gedanklichen Felder. Im Jetzt zu sein bedeutet, in diesem Moment nicht zu denken, sondern eine tiefere Ebene des Seins zu spüren und wahrzunehmen. Der eigene Wille führt lediglich dorthin. Von dieser Ebene aus das Unbewusste, das Feld, die eigene Matrix zu programmieren ist der Schlüssel zum Erfolg. Wir brauchen die hohe Vibration des Jetzt-Zustandes und lassen die Vision als Bild in die weiteren

Dimensionen unserer eigenen Wirklichkeit und der unserer Umwelt hineinfließen. Wir sind die Inkarnation unserer Vision im Jetzt. Wir stupsen das MOMENTUM nur ganz leicht an und beobachten in dieser Präsenz, wie es sich in unserem Körper ausbreitet und über das Herzzentrum als Welle in die Welt hineinstrahlt. Das Herz singt und schwingt das Hohelied der Seele in die Welt hinaus.

Indem wir selbst zur Vision werden, erreichen wir die Umprogrammierung des eigenen Unbewussten und des Feldes um uns herum. Selbstschöpfung beinhaltet, dass wir alles annehmen, was das Leben uns in dieser Form des höheren Bewusstseins anträgt. Vielleicht eröffnet das Leben uns Chancen, die den Vorlieben unserer Persönlichkeit entgegenzustehen scheinen. Können wir dann so zentriert und hoch schwingen, dass wir diese Präferenzen, Vorlieben und Vorurteile in uns wahrnehmen und dennoch von einer höheren Warte aus in eine liebende Annahme hineinfinden? In diesem Sinne ist unser Leben ein einziges Experiment in Hingabe. Wenn das Universum die bessere Lösung weiß, sind wir gefordert, uns an diesem Punkt führen zu lassen. Echte Führungskraft entspringt dieser speziellen Fähigkeit, sich im Einklang mit der Seele führen zu lassen. Das Differenzieren zwischen Ego und Seele, die klare Selbstwahrnehmung, ist hier gefordert.

Das andere Jetzt – Schöpfen durch Unterbrechen

Das Leben zum Lehrer in jedem Moment werden zu lassen ist die hohe Kunst der Mystiker und bedingt ihre radikale Präsenz. Es macht ihre Virtuosität aus, dass sie um das beste Ergebnis wissen, sich dennoch nicht an dieses binden. Dieses als höchste Möglichkeit im Bewusstsein zu halten und dennoch dem Universum den Spielraum zu geben, es zu übertreffen. Dem Universum das Wie anzuvertrauen, sodass es den besten Weg finden möge. Einfach Jetzt auf Jetzt folgen zu lassen. Die Vision existiert schon, nicht in der Zukunft auf einem linearen Zeitpfeil, sondern in einem *anderen Jetzt,* das durch tiefe Meditation und die damit verbundene Schwingungserhöhung des Bewusstseins evoziert werden kann. Wird die Schau dem Herzen übermittelt, übernimmt dieses den Broadcast in die materielle Wirklichkeit und generiert mannigfaltige Möglichkeiten und Resonanzen, die wir freudvoll ergreifen. In diesem anderen Jetzt stärken wir die Vibration der Vision durch eine Fülle von unmittelbaren Entscheidungen und spontanen Handlungen. Wir werden hier, was wir dort schon sind. Mitgefühl, Vertrauen und Courage sind Energietore, die in diesen Raum führen.

Und doch erfordert Präsenz eine ganz eigene Art des Loslassens. An exakt diesem Punkt scheitern oder gelingen unterschiedliche Manifestationsansätze. Kurz bevor es zur Manifestation kommt, also etwas aus dem Zustand der *Vision* in den Zustand der *Verwirklichung* überführt wird, braucht es eine *Unterbrechung,* damit der geistige Inhalt die Ebene wechseln kann. Die Quantenheiler nennen dies das *Kollabieren der Quantenwelle,* ich bevorzuge einen Begriff von Arthur Köstler, mit dem er das Phänomen eines Witzes erklärt: der *bi-soziative Schocker.* Zwei Realitätsebenen, die von der Erwartung her nicht zusammengehören, prallen, wie zuvor schon erläutert, aufeinander: Ein Mann geht über eine Straße, fällt hin, und wir lachen unvermittelt. Wir synchronisieren uns mit dem Unerwarteten und reagieren auf den Bruch in der Wirklichkeit. Das Erstaunliche ist, dass genau dieser Bruch zum Schöpfen dazugehört und von vielen linear denkenden Forschern nicht beachtet wird.

Ohne Bruch in der Wirklichkeit kein Ebenenwechsel.

Stell dir vor, du hältst mit all deiner Willenskraft eine Idee, eine Vision vor deinem inneren Auge aufrecht. Damit gibst du der Vision ein geistiges Gefäß, einen Gehalt, eine Existenz auf einer inneren Ebene. Wenn du sie jedoch dort auf ewig aufrechterhältst, kann die Vision ihren Weg in die äußere Ebene der materiellen Verwirklichung nicht antreten. Das heißt: Wir brauchen zu Beginn des Prozesses dieses unbedingte Ringen und das Aufrechterhalten der Vision, das tagtägliche Nähren dieses Setzlings, am Ende des Prozesses jedoch das Loslassen und Entlassen der Vision aus ihrer geistigen Gebärmutter. Kinder werden durch Wehen in diese Welt hineingepresst. Dies kennzeichnet den *Unterbrecher-Impuls* auf der körperlichen Ebene. In exakt der gleichen Weise braucht es an diesem Punkt des MOMENTUM MASTERY ein eingeleitetes Loslassen der Vision auf der geistigen Ebene. Dies entspricht keiner Aufgabe der Vision, sondern ihrer Freigabe für den Übergang in die tiefere Ebene der materiellen Wirklichkeit – in die Manifestation – dem Ziel jeder Vision. Nun ist es in einem anderen Jetzt existent.

Bewusstes Loslassen – die kosmische Wehe

Du kannst getrost davon ausgehen, dass dir dein Ego die meiste Zeit über einen großen Streich spielt. Es lässt dich nach etwas streben, was noch nicht ist und was du noch nicht bist. Da eine Vision ebenfalls etwas ist, das noch nicht ist, soll dieser Punkt näher beleuchtet werden. Bist du die Vision, verweilst du einfach und natürlich in deiner Mitte. Du bist präsent und deiner selbst gewahr. Strebst du der Vision nach oder läufst du ihr hinterher, erliegst du der eigenen Suche und Sucht nach Besonderheit. Du wirst von deinem eigenen Denken und deinen eigenen Gefühlen benutzt. Du identifizierst dich mit dieser Suche und nicht mit dem, was du bist. Die Vision mag exakt die gleiche sein, doch in dem einen Fall verweilt sie mit dir in deinem Sein; im zweiten Fall läufst du ihr hinterher.

In der Weltliteratur und im Theater gibt es in den großen Dramen vor dem Happy End ein »retardierendes« oder »verzögerndes Moment«, so wie es zu Beginn ein »erregendes Moment« gibt, das Hoffnung gibt. Im retardierenden Moment, dem Unterbrecher-Impuls auf dem Weg in das Glück, in genau dieser eigenartigen kosmischen Wehe, liegt das Geheimnis, bewusst zu schöpfen. Präsenz heißt, sich dieses Ebenenwechsels vollkommen gewahr zu werden. Sich dem Loslassen der eigenen Vision ganz hinzugeben. Diese in die Welt hinein zu gebären. Sie wurde neun Monate oder länger in einem geistigen Gefäß genährt, doch jetzt presst sie sich durch bewusstes Loslassen in die Welt hinein und gewinnt Existenz.

Dieses Unterbrechen bewahrt uns vor obsessivem Perfektionismus. Wenn wir zu sehr festhalten, entschwinden die Kräfte des Universums und können nicht in Aktion treten. Lassen wir zu früh los, hat sich noch nicht genügend geistige Essenz gebildet. Wir landen auch hier in einem Phänomen der Zeit, dem Timing, das sich übersetzen ließe mit:

den optimalen Moment wahrnehmen.

Dies gelingt uns nur, wenn wir an den Übergängen von der Zeitlosigkeit in die Zeit bewusst werden, an den Übergängen von der Nacht in den Tag, von unserem Ego zu unserem Selbst und umgekehrt. Wir brauchen unbedingte Bewusstheit an diesen Übergängen. Das Auge des Medizinmannes blickt durch die spirituelle und die materielle Wirklichkeit, der Mystiker ist in beiden Welten radikal präsent.

Um das Unterbrechen noch einmal zu verdeutlichen: Beispiele für das Schöpfen durch Unterbrechen sind das Aufspielen neuer Software oder eines neuen Betriebssystems auf einen Computer, welches immer einen Neustart, das heißt eine Unterbrechung notwendig macht. Schöpfen durch Unterbrechen fordert auf, alte Kreisläufe und Gewohnheiten unseres Körpers sowie des Denkens und Fühlens zu durchbrechen, einer Sucht den Kampf anzusagen oder einen wahrhaft neuen Gedanken zuzulassen. Es heißt, nicht nur Expansion, sondern auch Kontraktion als kreativen Mechanismus wahrzunehmen. Schöpfen durch Unterbrechen ist wie Zeus, der seinen Blitzstrahl schleudert und durch ihn eine neue Realität schafft. Dieser Blitzstrahl enthält eine extrem hohe elektrische Spannung, die alle vorhandenen unterbricht. Ist der Blitz vielleicht einer der stärksten Unterbrecher-Impulse überhaupt?

Spekulieren wir einmal gemeinsam: Was wäre, wenn es darum ginge, die eigene Vision zu elektrifizieren, sie mit höchstmöglicher Spannung aufzuladen, bis sie sich von selbst in diese Welt hineinschleudert? Im Amerikanischen ist das Wort für den Blitz »Lightning«; vielleicht reicht es nicht aus, die Vision nur mit Licht aufzuladen, weil die elektrische Spannung fehlt. In den USA gibt es ein äußerst faszinierendes Gebiet, in dem vier Bundesstaaten – Arizona, Colorado, New Mexico und Utah – aneinander grenzen, entsprechend nennt man die Gegend Four Corners. Dort findet sich eine ungewöhnliche Fülle von indianischen Zeremonialplätzen verschiedener Stämme, welche insbesondere für Visionssuchen aufgesucht werden. Es wurde lange geforscht, warum sich ausgerechnet in diesem Gebiet die heiligen Stätten derart häufen, und die erstaunliche Erklärung dafür lautet: Four Corners liegt tektonisch gesehen auf einer riesigen Kupferplatte, was dazu führt, dass es in dieser Region eine Unmenge an Gewittern, Blitzen und elektrisch aufgeladener Luft gibt – viel mehr als in anderen Regionen der Welt. Die *indigenous people* erkannten intuitiv, dass die aufgeladene Atmosphäre ihren Visionssuchen förderlich ist. Was wäre jedoch, wenn sie nicht nur die Visionssuche förderte, sondern auch die Verwirklichung der Vision? Wie können wir Starkstrom-Spiritualität realisieren? High-Voltage-

Meditation erkunden? Zum Hochspannungsleiter unserer Träume werden, ohne durchzuglühen?

Positive Spannung aufbauen für den Bruch in der Wirklichkeit

Eine mögliche Antwort auf die obige Frage führt uns direkt in unser Herz. Die Elektrizität des Herzens ist circa 5000-mal stärker als die des Gehirns. Es ist erstaunlich, was passiert, wenn wir mit Elektrizität als Meditationsinhalt arbeiten und diese durch Fokus und Aufmerksamkeit in uns zu steigern suchen. Die Nervensysteme beginnen, in einer neuen Art zu schwingen. Wir erlauben uns, die Vision mit einer extrem hohen Ladung anzufüllen, mit unserer ganzen Emotionalität, mit der erhöhten Spannung unseres Nervensystems und des Dritten Auges. Dann erst lassen wir sie los. Wir lassen sie sprichwörtlich in die Welt hineinfallen und kultivieren eine loslassende Haltung. Diese Haltung, welche die Manifestation effektiv unterstützt, kulminiert in dem Satz:

> »*Ich bin schon ganz gespannt,* **wie** *das Universum meine Vision realisieren wird.*«

Dass es die Vision realisieren wird, setzen wir als gegeben voraus und öffnen uns für die Möglichkeiten, die uns geboten werden. Die positive Spannung ist das zu kultivierende Gut. In diesem Universum ist alles in Bewegung, und wir sind Teil all dieser Bewegungen. Geistige und körperliche Geburt folgen ähnlichen Gesetzen. Das Durchtrennen der Nabelschnur entspricht dem Entlassen der Vision in seine neue Welt, der von Form und Zeit. Ab diesem Zeitpunkt gilt der obige Satz und das Sich-hinein-Entspannen in diesen Satz: »Ich bin schon ganz gespannt, wie das Universum meine Vision realisieren wird.« Zuerst braucht es den maximalen Spannungsaufbau für den Ebenenwechsel, dann den

Bruch in der geistigen Ebene, von der aus wir die Vision in Gottes Hände fallen lassen, sie den resonanten Vibrationen des Universums übergeben, und danach das Sich-hinein-Entspannen in das *Wie*. In dieser gelassenen Haltung bleiben wir in der höchstmöglichen Schwingung präsent. Hindernisse, Rückschläge, retardierende Momente werden als Teile des Prozesses und des Spannungsaufbaus gesehen. Die Frage, ob jemand seiner Vision vertraut, stellt sich in jedem Moment neu, und auch die Vision kann sich in jedem Moment erweitern.

Das torlose Tor

Die Frage, die Shakespeare seinem Alter Ego Hamlet selbstreflektierend in den Mund legt – »Sein oder Nicht-Sein, das ist hier die Frage« –, könnte man in derselben Weise formulieren mit »Ego oder Nicht-Ego«. Diese so eindrücklich logisch und einfach anmutende Unterscheidung stellt einen gordischen Knoten der Menschheit dar. Weder die tiefe Reflexion hierüber führt zum Ziel noch das überstürzte Handeln. Solange nicht klar ist, aus welchem Bereich heraus wir leben, werden unsere Handlungen und Überlegungen in die Manifestation oder Nicht-Manifestation führen. So wie es einen Kernbereich der Seele gibt, den wir über die Verankerung im Herzen erfahren können, gibt es äußere Bereiche in uns, die wir leben können, die dennoch der Essenz dieses Kernbereiches nicht entsprechen. Präsenz als torloses Tor, das uns findet, bedeutet, alles für seinen Seelentraum zu tun und dafür zu sorgen, dass wir uns *nicht* in der Nicht-Präsenz aufhalten. In dieser Seinsbewegung laden wir das Universum ein, für uns zu choreografieren. Welche Lebensfrüchte möchten wir von unserem Baum weiterverschenken? Wie viel Seele trägt die gewünschte Manifestation?

Der Flow – das Fließen – entsteht, wenn das Glück unserer Seele den Rhythmus vorgibt und sich in unsere Lebenspfade hineinatmet. Der Seelentraum braucht einen Seelenraum und ist stets verbunden mit allem, was ist. Das Ego kann demgegenüber gesehen werden als eine besondere Art, Informationen aufzunehmen und zu verarbeiten: eine Art, die in der Wahrnehmung von Getrenntheit beginnt und endet. In dem Aufbau eines »falschen Selbst«, welches sich als separiert von den Kräften des Universums empfindet. Oder in der amerikanischen Definition von »EGO« als »Edging God Out« – das Göttliche außen vor zu lassen. Das MOMENTUM einzuladen heißt jedoch gerade, das Göttliche nicht außen vor zu lassen, sondern Hand in Hand, Herz in Herz, Geist in Geist mit ihm zusammen zu wirken. Wenn wir mit dem MOMENTUM schöpfen und unser MOMENTUM leben, kommen wir in die Räume, in denen Schöpfung geschieht. Wir sind nahe dran an dem »Göttlichen«, dem »Numinosen«, dem »Nicht mehr Beschreibbaren«. Das torlose Tor entspricht einem Raum, in dem wir uns bewusst »zufallsanfällig« für Gnade machen, in dem wir alles dafür tun, dass sie eintreten kann, ohne jedoch das Endresultat jemals kontrollieren zu können. Doch das Fundament für sein Eintreten ist gelegt. Das Herz trägt hierbei einen wichtigen Schlüssel.

Methoden der herzzentrierten Meditation sind hilfreich, um den Einklang mit der Mitte und das erhöhte Elektrizitätsniveau täglich neu herzustellen. Forschungen zur Herz-Kohärenz, das heißt Messungen dazu, ob Herzwellen harmonisch schwingen oder nicht, zeigen, wie Menschen sich auch über Biofeedback-Geräte in diese Ebenen des wirklichen Seelenraumes hineinschwingen können. Das torlose Tor hat gleichzeitig den Charakter des Nullpunktes, den wir zuvor angesprochen haben. Es umschreibt den MOMENTUM FLOW ... und einen Weg in dieses Mysterium hinein. Ein Moment, dem ein ganz besonderer Zauber innewohnt. Geführt von einer unsichtbaren Hand. Aus einer tieferen Ebene des eigenen Seins. Das Wahrnehmen unserer selbst als ein System von Schwingungen, das permanent interagiert mit den individuellen und kollektiven Schwingungssystemen, die es umgeben, ist essenziell für ein tieferes Verständnis unserer eigenen Natur.

Nehmen wir zum Beispiel die Schwingungshöhe eines Saales, der ein bis zwei Stunden von Lachsalven durchdröhnt wird – hier geschieht Schwingungserhöhung durch permanentes Unterbrechen und Sich-positiv-erschüttern-Lassen. Wieder und wieder wandeln wir an den Grenzen unserer Wahrnehmung, an den Grenzen dessen, was wir erwarten und was uns überrascht. Alles freudvoll zu erwarten und sich gleichzeitig an nichts zu binden – diese paradox anmutende Bewegung des Bewusstseins scheint den wenigsten möglich, und doch geht es gerade darum:

Aus dem Moment heraus eine Vision über einen bestimmten Zeitraum geistig zu nähren und sie dann durch eine kosmische Wehe, eine Unterbrechung, vertrauensvoll in die Welt zu entlassen.

Noch mehr Hingabe!

Gibst du nur die Hälfte hin, verfehlst du deinen Lebensinn.
Gibst du dich dem Ganzen hin, fühlst du stets den Großen Sinn.

Was wir brauchen, ist eine noch umfassendere Form der Hingabe. Das MOMENTUM zu leben erfordert dein ganzes Sein. Die Aufgabe aller Widerstände! Es geht darum, dich von dem Unsichtbaren in das Unbekannte führen zu lassen. Dies erfordert den allergrößten Mut, das allerhöchste Vertrauen und ein tiefes Mitgefühl für dich selbst und den Stand deiner individuellen Reise. Hingabe ist keine Schwäche, sondern eine besondere Form der Stärke, die den ganzen Geist fordert.

Das MOMENTUM zu leben beinhaltet, dem Leben zu erlauben, die Führung zu übernehmen. Nicht den eigenen Vorlieben zu folgen, sondern sich den tieferen Kräften des eigenen Seins vollkommen anzuvertrauen, ohne zu wissen, wohin sie uns führen. Der normale Zustand des Lebens ist so beschaffen, dass wir getrieben sind von unseren Vorlieben und dem, was wir kennen. Wir suchen ganze Bereiche des Lebens von uns fernzuhalten und spielen die Pole des Seins gegeneinander aus, anstatt die Spannung der Gegensätze auszuhalten und diese mit liebenden Herzen zu umarmen. Nur so kommen wir in den Raum, der das Leben umfasst und aus dem das Leben gleichzeitig entsteht.

Jetzt hören wir die Stimme des Herzens wieder. Plötzlich kommuniziert unsere Seele in Träumen. Das Denken wird von Geistesblitzen inspiriert. Ahnungen, Synchronizitäten, Fügungen halten wieder Einzug in unser Sein, und wir greifen sie freudvoll auf. Das Leben gestaltet sich so, wie unsere Seele es intendiert. Funken des Glücks sprühen aus unseren Herzen und lassen sie noch kraftvoller strahlen. Die Beziehung zu uns selbst und dem eigenen Leben ist verwandelt, weil wir uns dem Wandel geöffnet haben, weil wir im Moment verweilt haben und die Sorgen um die eigene Zukunft getauscht haben gegen eine noch größere Hingabe an das Leben. An das, was passiert …

Der Große Sinn

Wir stehen heute an einem Wendepunkt in der Geschichte der Menschheit und ringen uns – uralte Erfahrungen des Kampfes und der Getrenntheit loslassend – durch zur Erkenntnis, dass wir als Menschen einen gemeinsamen Organismus bilden, mit dem wir die Erde bevölkern. Die evolutionäre Bewegung geht vom Ich zum Du über das Wir zum *Wir-alle*. Sie findet statt in jedem Einzelnen. In dir, in mir, in allen. Wir erfahren diese Evolution in

Körpern, die in Millionen von Jahren den ewig gleichen Überlebenskampf ausgetragen haben, der in den Genen gespeichert ist. Was sich jetzt an spirituellem Bewusstsein herausbildet, ist ein winziger Moment, eine minimale Zeiteinheit in der Geschichte der Menschheit und doch möglicherweise ihre wichtigste.

Die »participation mystique«, das Erlebnis des Einsseins und die Erleuchtungserfahrung setzen voraus, dass die egoischen Schleier in und zwischen den Menschen aufgelöst werden. Nicht im Sinne einer Gleichmacherei, sondern im Sinne einer Ebene, die alle in ganz individueller Art und Weise miteinander teilen. Nur wenn das Herz die Führung innehat, wenn wir es tatsächlich als Meister wählen, wenn wir alle Selbstkonzepte fallen lassen und das Leben ganz leben – einfach, direkt und unmittelbar –, wird es eine neue Erde geben und eine Zukunft für unsere Kinder und Kindeskinder.

Jede und jeder Einzelne ist gefordert durchzubrechen – von der Identifkation mit seinem kleinen Ich in den größeren Bogen der Seele, den wir anfangs eingeladen haben mit der Aufforderung, den Großen Mann und die Große Frau zu sehen. Dann können wir mit dem kühnen Geist unerschrockener Bewusstseinspioniere neue Sphären erkunden, wie beispielsweise den *Virgin Space,* den Noch-nicht-Raum – Sphären, die einer sprachlichen Beschreibung kaum mehr zugänglich sind und doch erfahrbar werden. Räume, in denen wir dem Geheimnis der Schöpfung nah sind, in denen Ewigkeit fühlbar wird und neue Visionen aus einem kreativen Nichts entstehen. Wenn wir nur still genug sind, sie auftauchen zu lassen.

Die Schöpfungsschlüssel, die in unserem Prozess aufgezeigt wurden, bilden die »evolutionäre Hausaufgabe« für die Menschen von heute. Diese Schlüssel sollen nicht nur verstanden werden, sondern sie mögen in deinem Herzen, deinen Gefühlen, in deinem

Pulsieren lebendig werden, sodass wir gemeinsam den Goldenen Faden der Menschheit, der uns von Bewusstseinsgiganten vor uns überreicht wurde, weiterweben. Jeder Einzelne wird hierbei zu einer mit-schöpfenden Göttin und einem mit-schöpfenden Gott.

13
A Sense of Destiny – ein geführtes Leben

*Das Momentum zu meistern
wird zur Höchsten Kunst:
den Raum zu gestalten, mit Güte zu walten,
sich liebend zu halten, als Seele zu weilen,
sein Glück vielfach zu teilen,
das Momentum zu spüren
und weise zu führen.*

Die drei goldenen MOMENTUM-Regeln

Wenn du es bis zu dieser Stelle im Buch geschafft hast, hast du das notwendige Rüstzeug beisammen, um tief in dein eigenes MOMENTUM einzutauchen. Wichtig ist, das mentale Durchdringen der Schöpfungsgesetze nicht mit ihrer tatsächlichen Meisterung zu verwechseln. Es geht um die tägliche Praxis und Umsetzung. Es geht um dein eigenes Leben. Wenn es Glücks-Erfolgs-Formeln gibt, die unmittelbar in das MOMENTUM führen, dann diese:

Kein Bedauern ... kein Widerstand ... keine Vorannahmen.

So einfach und so herausfordernd zugleich. Wenn wir als Menschen alle schon im Moment verweilten, wären die Formeln nicht nötig. Doch sie sind essenziell. Wir fallen wieder und wieder aus Glücksmomenten heraus und in kollektive Gedankenmuster hinein. Bewusstseinsarbeit und spirituelle Weiterentwicklung sind ein ständiges Schmieden und Schärfen der Wahrnehmung. Während wir in der Präsenz verweilen, erscheint sie uns als das natürlichste Phänomen der Welt. Und doch gibt es immer wieder unterschiedliche Bewegungen, die uns aus ihr hinausführen. Dann wirken die goldenen Regeln:

Zieht etwas Vergangenes uns aus der Mitte:
Kein Bedauern, über was auch immer passiert sein mag.

Liegt die Herausforderung in der Gegenwart:
Keinen Widerstand, um weiter in der Mitte zu verweilen.

Und geht es um Pläne oder Sorgen, welche die Zukunft angehen:
Keine Vorannahmen.

Die *indigenous people* kultivieren seit Jahrhunderten ein fast identisches Teaching. Sie sagen, wenn du glücklich sein willst, beachte drei Dinge:

1. *Don't regret the past – Bedauere nicht, was vergangen ist, betrübe dich nicht, bekümmere dich nicht, kümmere dich nicht.*

2. *Don't worry about the future – Mach dir keine Sorgen um die Zukunft. Sie kommt, mit oder ohne deine Sorgen.*

3. *Honor the present moment – Bleibe stets in der Gegenwart und nehme das Geschenk dieser Gegenwart als ein solches an.*

Wir erhalten eine überdeutliche Aufforderung, uns keine Sorgen zu machen und stattdessen mit einer neuen Lebensweise zu beginnen. Es geht nicht darum, diese Art zu leben zu begreifen, sondern um das Leben an sich – um Lernen durch direkte Umsetzung. Die Falle vieler kreativer Visionäre liegt in der übermäßigen Beschäftigung mit der Zukunft. Das MOMENTUM führt uns immer wieder neu in die Gegenwart und in eine erhöhte Wahrnehmung derselben. Der Himmel liegt nicht hinter dem Horizont, sondern er ist hier, direkt über uns und im besten Falle in uns.

Werden wir spirituell getrieben von unserem personalen Willen, versuchen wir Tag um Tag, die Ställe des Augias auszumisten, während unsere Seele wie Herkules einen Weg kennt, den Energiefluss so umzuleiten, dass dieser für uns die Arbeit erledigt. Im Fluss sein heißt, dem Leben keinen Widerstand entgegenzusetzen und eingestimmt zu sein auf die Harmoniegesetze des Universums, sodass dessen Kräfte uns erreichen und für uns arbeiten können.

Lebe dein MOMENTUM

Erkenne dich selbst – die uralte Inschrift des berühmtesten Orakels der Antike in Delphi gilt durch alle Zeiten und fordert auf, die eigenen Gedanken und Gefühle sowie ihre Herkunft wahrzunehmen. Neue Freiheit entsteht, wenn wir uns dieser Prozesse bewusst sind und gleichzeitig freudvoll beginnen zu schöpfen. Möge deine Wahrnehmung so geschärft sein, dass du deine Gedanken in dem Moment, in dem sie auftauchen, beobachtest. So wirst du nicht gedacht oder von deinem eigenen Denken instrumentalisiert. Jetzt schöpfst du! Oder besser: Im Jetzt schöpfst du! Im Jetzt entsteht eine Lücke zwischen Reiz und Reaktion. Genau in dieser minimalen Lücke entsteht schöpferische Freiheit, hier können wir frei wählen und gestalten. Diese Art von Gewahrsein führt uns zu unserer eigenen Wahrheit, da wir den Raum haben, sie zu spüren.

Spiritualität wird häufig automatisch gleichgesetzt mit einem geführten Leben. Ich sehe dies mitnichten so. Im Gegenteil: Erst wenn auch die spirituellen Selbstkonzepte fallen, wir alle lieb gewonnenen Gewohnheiten loslassen, die unterdrückten Aspekte erkennen und die Wildheit des Lebens bejahen, fängt die Seele an zu atmen. Sie atmet dann in diese Lücke hinein, die im Jetzt entsteht!

In etlichen spirituellen Kreisen wird genau das jedoch nicht praktiziert, sondern es wird eine spirituelle Gegenwelt aufgebaut – mit wohlgemeinter Identitätsfindung. Das ist nicht das wirkliche Leben. Das ist nicht die Energie, welche alles durchströmt. Es ist ein kleiner weißer Karton, in dem jemand mit Heiligenbildchen an der Wand, einem CD-Mantrenspieler und esoterisch frömmelndem Lebensstil lebt. Doch traut er sich nicht, die Tür zu öffnen, sein eigenes Licht in die Dunkelheit zu bringen oder den Dschungel der eigenen Wildheit zu betreten.

Das Leben will ganz gelebt werden! Erleuchtung hat mehr damit zu tun, sein Herz in die Unterwelt zu bringen und dort nicht verloren zu gehen. Es ist ein angstfreier Zustand, weil man sich traut, alle Orte, Gefühle und Gedanken in sich wahrzunehmen und anzuerkennen. Die Mysterienschulen vollziehen in ihren Einweihungsriten drei zentrale Bewegungen: nach unten, nach oben, ins Leben. In das Dunkle, in das Helle, in das Lebendige. Wer die Bewegung nach unten in den eigenen Schatten meint umgehen zu können, wird sich in den anderen beiden Bereichen ebenso wenig halten können. Wir brauchen den Mut, unsere Gefühle ganz wahrzunehmen, sie nicht wegzudrücken, sondern in uns sein zu lassen, so lange, bis die Welle vorbei ist – sei es eine Welle von Schmerz, Angst, Traurigkeit oder Einsamkeit. Nur dadurch werden wir zum

Wellenreiter des eigenen Schicksals.

Das, was in uns ist, kann nicht verleugnet werden. Es kann jedoch aus der Präsenz heraus anders wahrgenommen werden. In einer schmerzverdrängenden Kultur und seinsverdrängenden Gesellschaft sind wir gefordert, aufzuwachen zu dem, was wir im Innersten sind: schöpfende, freie, liebende Seelen auf einer gemeinsamen Reise auf diesem Planeten. Das ist eine riesige Herausforderung, für die wir unsere Schöpfungsschlüssel dringlich brauchen.

Lebe dein Momentum heißt, an jedem Ort zu jeder Zeit um den Weg der eigenen Seele zu wissen. Das ist radikale Präsenz. Lebe dein Momentum heißt, das Flüstern Gottes wahrzunehmen und ihn in keinem einzigen Augenblick zu vergessen. Lebe dein Momentum heißt, den Atem der Liebe mit jedem Herzschlag zu spüren und ihr zu folgen. Es heißt, sich in der Freude des Gebens aufzulösen. Es heißt, die Ekstase der Blumen und Bäume in den Adern rauschen zu hören. Es heißt, die schiere Freude der Existenz bis in die letzte Körperzelle zu feiern. Lebe dein Momen-

TUM heißt, alles zu wagen und nichts unversucht zu lassen, um so den optimalen Moment, die perfekte Welle zu surfen. Jetzt trägt die Energie dich, weil du eins mit ihr bist. Jetzt tanzt das Leben durch dich hindurch. Jetzt erfasst dich ein urgewaltiger Schaffensstrom. Jetzt gelingen die Bewegungen des Lebens mühelos – choreografiert von dem Teil in dir, der es vermocht hat, sich zu verbinden mit der Absicht der eigenen Seele. Durch deine Fähigkeit zur Präsenz.

Das Herz – dein größter MOMENTUM-Geber

Die Rückbesinnung auf das Fühlen unserer pulsierenden Herzen ist essenziell. Allein das Herz in der Mitte unseres Körpers ist die direkte Verbindung zur Quelle allen Lebens. Es hält uns in diesem universellen Takt, der in allen Lebewesen in leicht differenzierter Form schlägt. Dein Herz lebt sein MOMENTUM in sich. Würdest du es nur ein einziges Mal in seiner ganzen Schönheit wahrnehmen, wäre dein Leben in diesem Moment vollkommen verwandelt. Du hättest eine Erleuchtung.

Herzarbeit ist eine der fundamentalen Aufgaben unserer Zeit. Die Herzen der Menschen sind aus dem Takt geraten: 85 Prozent Herz-Kreislauf-Krankheiten als primäre Todesursache sprechen eine deutliche Sprache. Burn-out, Depression gehen Hand in Hand mit zunehmender Orientierungslosigkeit. Menschen werden mehr und mehr zu Sklaven einer aus dem Takt geratenen digitalen und kulturellen Entwicklung. Bewusstseinsarbeit heißt, in einem solchen Feld nicht unterzugehen, sondern neue schöpferische Impulse zu setzen, zunächst in sich, dann – durch Resonanz immer weiter werdend – im jeweiligen Gegenüber und schließlich im Feld. Entwicklung ist möglich. Durchbruch ist machbar. Erleuchtung ist fassbar.

Die Menschheit vollzieht einen Ebenensprung. Jedes einzelne Herz ist Teil dieses Sprungs, und jeder Mensch trägt eine hohe Selbstverantwortung, um sich nicht von alten Mustern der Angst fangen, sondern sich von dem MOMENTUM der Liebe leiten zu lassen. Dem Herz obliegt die Führung. Es ist dein wahrer Kapitän, welcher es vermag, dein Lebensschiff sicher und kühn zugleich zu führen. Der Verstand mag ein guter Erster Offizier sein oder ein schlechter Meuterer, er ist jedoch niemals der Kapitän der Seele. Das ist das Herz.

Für deinen spirituellen Weg

Wir haben hier im MOMENTUM MASTERY gemeinsam 14 große Bewegungen der Seele durchgeführt. Fassen wir abschließend die verschiedenen Schöpfungsschlüssel noch einmal mit einfachen Worten zusammen.

Frage dich zunächst: Wie willst du deine nächsten fünf Lebensjahre gestalten? Wo? Mit wem? Wer willst du sein? Was möchtest du hinterlassen und beitragen? Was ist dein höchstes Schicksal? Bist du bereit, über deine jetzigen Grenzen hinauszugehen? Dann kannst du mit dem MOMENTUM MASTERY die Basis legen.

1. Finde deinen Traum
Du hast ein ganz besonderes Potenzial. Etwas, in dem du wirklich aufgehst, in dem deine Seele durchscheint. Etwas, das du mit Freude tust und das aus deinem Innersten kommt.

2. Folge deinem Ruf
Wenn der Traum gefunden ist, bewege dich unbedingt in seine Richtung. Sei mutig! Lass ihn wirklich werden. Egal wie groß er auch sein mag. Überschreite die Schwelle und verlasse das Gewohnte. Vertraue deiner Inspiration. Jetzt beginnt deine eigene Heldenreise …

3. Bilde das Gefäß
Errichte das geistige Fundament in dir – einen Raum oder eine Frequenz, die das Leben dieses Traumes ermöglichen. Eine Vision braucht eine Art geistige Gebärmutter, in der sie ausgetragen werden kann.

4. Fülle es mit Energie
Hier ist deine Hingabe gefordert, die geistige Vision zu nähren beziehungsweise nähren zu lassen. Stelle um von personaler Energie, die sich irgendwann erschöpft, auf transpersonale Energie, die endlos durch dich hindurchfließt. Ringe um die Meisterung dieses Zugangs.

5. Zünde den Funken
Aktiviere das MOMENTUM. Triff viele Entscheidungen. Entwickle dein Herz. Transformiere deinen Verstand. Erhöhe deine Standards. Erweitere die Ansprüche an dich selbst. Organisiere die Vision.

6. Verbinde dich auf allen Ebenen
… mit den Kräften, die dich umgeben, den sichtbaren und den nicht sichtbaren. Mach dir das Universum zum Freund. Verbinde dich ebenso in dir selbst auf allen Ebenen. Stell sicher, dass der physische Körper, der Emotionalkörper, der Mentalkörper und der spirituelle Körper die Vision gleichzeitig tragen.

7. Sei existenziell berührbar
Heilung, Manifestation und Schöpfung funktionieren, wenn du auf eine tiefere Ebene des Seins findest und von dort wirkst. Fokus, Verlangsamung, Ausdauer und Offenheit sind deine Werkzeuge, um dorthin zu gelangen.

8. Werde zum Gebet
Das Gebet wird in sich selbst zur Antwort, wenn sich durch die Hinwendung an die göttliche Kraft die Grenze zwischen dir und dem Numinosen plötzlich auflöst. Du wirst zum Gebet. Es gibt keine Trennung mehr.

9. Nimm die Herausforderung an
Durch diese Bewegung in dein höchstes Sein erzeugst du gleichzeitig eine Gegenbewegung. Habe sie im Blick. Lass dich von Widerständen und Zweifeln nicht irritieren. Bleibe in dem kühnen Geist deiner Vision.

10. Knack den Körpercode
Löse durch Bewusstseinsarbeit hemmende Informationen aus deinem Körper. Brich mit allen Gewohnheiten, die dir nicht guttun. Werde zum Outlaw deiner Vergangenheit und halte diesen Übergang aus.

11. Wirke aus dem Raum der Räume
Durch die gewollte De-Konditionierung entsteht ein Zugang in tiefere Ebenen der Schöpfung. Erkunde diese Bewusstseinsräume, in denen sich neue Realitäten formen. Werde hier zum Schöpfer deiner neuen Realität.

12. Gib dein Herzversprechen
Jede Seelenbewegung ist umso kraftvoller, wenn sie durch ein Ritual gestärkt wird. Gib selbst deinem Lebenstraum ein Herzversprechen, ihn zu hüten und umzusetzen. Sprich deine Vision für dich heilig.

13. Kehre die Zeit um
Lass die Vision in dir zur Gegenwart werden. Setze das Happy End an den Anfang. Stell dich in diesen umgekehrten Zeitstrom

und ergreife Chancen, Tore und Möglichkeiten. Werde zu deiner Zeit!

14. Schöpfe durch Unterbrechung – schöpfe aus dem Noch-nicht-Raum
Entlasse die Vision aus dem Noch-nicht-Raum in unsere Gegenwart. Stell dich der kosmischen Wehe. Lass den geistigen Inhalt los und vertraue dich dieser Bewegung ganz an. *»Ich bin schon ganz gespannt, wie …«*

Diese Kurzzusammenfassung dient allein deinem Verstand, um die Schritte des Prozesses noch einmal zu vergegenwärtigen, doch zögere nicht, wieder und wieder in einzelne Kapitel hineinzugehen und die dortigen Übungen aktiv durchzuführen. Dies ist ein Buch, das gelebt werden will! Mach es zu deinem Freund und täglichen Begleiter. Mach dich selbst zu deinem Experiment. Sei dein eigenes Forschungslabor. Lass dich von dem schöpferischen Geist, der das MOMENTUM MASTERY durchwirkt, erfassen, inspirieren und beflügeln! Du stehst jetzt an der Nahtstelle, wo Außen und Innen sich treffen. Was du denkst, fühlst und handelst, wirkt in beide Richtungen. Ein geführtes Leben heißt: den Fokus in beide Richtungen gleichzeitig aufrechterhalten zu können. Das Auge des Medizinmannes schaut gleichzeitig in beide Richtungen. Sie sind eins im Weisen. Eins im MOMENTUM. Erinnere dich:

Zwei Welten magst du meistern,
die eine liegt im Außen – die andere im Innen.

Nachwort

Gedankt sei an dieser Stelle all den unerschrockenen Bewusstseinspionieren, die mit freiem Geist das MOMENTUM MASTERY an sich erproben und durchleben. Ihre Offenheit und Bereitschaft, in die Tiefe der wachgerufenen Bewusstseinsräume hineinzugehen, machen es möglich, diesen Prozess immer weiter zu entwickeln. Ihrem inneren Ruf folgend beschreiten sie einen mutigen Pfad in ein neues Leben hinein. Durch die Klärung ihres individuellen Feldes erlangen sie eine höhere Wahrnehmung. Jetzt ist der Weg frei für die direkte Gestaltung des eigenen Schicksals. Unbewusste Widerstände werden aus dem Weg geräumt, nicht von außen, sondern von innen durch das gezielte Anwenden eigener Bewusstseinskraft. Ein großer Teil spiritueller Arbeit besteht in der De-Konditionierung übernommener Themen und dem Aufbrechen uralter Gewohnheiten, bis das wahre Selbst ganz gelebt werden kann. Durch die Kultivierung der vier Herzqualitäten stabilisiert sich der Zugang. Der zentrale Schlüssel liegt im Leuchtenden Herzen, dessen Gottesfunken während der Arbeit gespürt werden mögen. Liebend, frei schöpfend und radikal präsent.

Das MOMENTUM MASTERY als neue Schöpfungstechnologie, das Leben zu gestalten, möchte ein Beitrag sein, ein erfülltes Leben zu führen und Visionen zu ihrer Wirklichkeitstiefe zu verhelfen. Gelingt es einzelnen Menschen daraufhin, in die Schönheit ihrer Seelen durchzubrechen und den Weg ihres Herzens inspiriert zu gehen, bleibt dem Lehrer nur die Mitfreude und der stille Rückzug. Denn dieser Erfolg gehört ganz allein ihnen selbst.

Lass dich unterstützen

Vertiefe deine Transformation mit den geführten Meditationen auf Audio-CDs oder durch den Besuch eines Seminars. Die folgenden Audio-CDs sind für den MOMENTUM-MASTERY-Prozess entwickelt und unterstützen deine Schritte Tag für Tag.

1.	Finde deinen Traum	*Momentum Mastery 1, 2* und *3*
2.	Folge deinem Ruf	
3.	Bilde dein Gefäß	*Momentum Mastery 1 – Tropfen der Erleuchtung*
4.	Fülle es mit Energie	*Momentum Mastery 1 – Quelle der Energie*
5.	Zünde den Funken	
6.	Verbinde dich auf allen Ebenen	*Divine Blueprint*
7.	Sei existenziell berührbar	*7 Generationen* und *Mother Healing*
8.	Werde zum Gebet	*Heilung geschieht*
9.	Nimm die Herausforderung an	*Momentum Mastery 2 – Sieg der Seele*
10.	Knack den Körpercode	*Momentum Mastery 4 – Night Sky*
11.	Wirke aus dem Raum der Räume	*Momentum Mastery 3 – Raum der Räume*
12.	Gib dein Herzversprechen	*Momentum Mastery 3 – Heiliges Feuer*
13.	Kehre die Zeit um	*Momentum Mastery 2 – Happy End*
14.	Schöpfe aus dem Noch-nicht-Raum	*Momentum Mastery 4 – Virgin Space*

Die Audio-CDs

MOMENTUM MASTERY 1
Quelle der Energie | Tropfen der Erleuchtung

Quelle der Energie erzeugt das Momentum durch die Wahrnehmung des Zweiten Körpers, während *Tropfen der Erleuchtung* mit einem indianisch inspirierten Geistgefäß arbeitet. Meisterhaft getragen sind beide Werke durch die archaische Musik von Coyote Oldman. Beseelte Klänge versetzen in eine transzendente Weite.

MOMENTUM MASTERY 2
Happy End | Sieg der Seele

Happy End verankert die gewünschte Zukunft kraftvoll im Jetzt und im Körper. Das paradoxe Nähren des Happy Ends zu Beginn der Bewegung erzeugt einen Rückwärtsstrom durch die Zeit, in dem sich den Hörern Tore, Chancen und Möglichkeiten eröffnen. *Sieg der Seele* kultiviert vier Qualitäten, die helfen, den heiligen Traum der Seele kraftvoll in die Welt zu bringen.

MOMENTUM MASTERY 3
Raum der Räume | Heiliges Feuer

In *Raum der Räume* lernen wir, der Seele nicht förderliche Unterprogramme sterben zu lassen, und öffnen den Kanal für das Empfangen von wirklich Neuem. *Heiliges Feuer* schafft eine Rückverbindung mit dem eigenen Herzfeuer und der Kraft, etwas zu segnen und heiligzusprechen. Jeder spricht seinen eigenen Traum heilig. So aktiviert sich das Momentum.

MOMENTUM MASTERY 4
Night Sky | Virgin Space

Night Sky ist eine Gute-Nacht-Meditation, die das Unterbewusstsein segensreich auf Regeneration, Heilung und Inspiration einstimmt. Der Fokus für die Nacht liegt auf der hohen Schau der Seele. *Virgin Space* nähert sich einem kaum noch beschreibbaren Raum an, in dem die Zeit anders fließt – ein Meisterschlüssel zur Manifestation des eigenen Lebenstraumes.

7 GENERATIONEN
Tempelritual zur Klärung der Ahnenreihen

Die CD *7 Generationen* zur Klärung der Ahnenreihen ist ein kraftvolles Bewusstseinswerkzeug mit dem Ziel, in den Zellen gespeicherte Informationen, die nicht dem höchsten Wohl der Entwicklung der eigenen Seele dienlich sind, in einem geschützten Raum loszulassen. Sie ermöglicht eine tiefe Transformation.

DIVINE BLUEPRINT
Kontakt mit der höchsten Essenz

Die bewusste Verschmelzung mit dem Wesenskern ermöglicht eine zutiefst berührende Erfahrung deines größten Potenzials. Blaupausen existieren unabhängig von dem jeweiligen Heiler und können von jeder Person eingeladen werden, die bereit ist, sich dafür zu öffnen. Wer in der Lage ist, sein Bewusstsein zu 100 Prozent im Körper anwesend zu halten, schwingt in der höchstmöglichen Vibration und wird sich selbst und anderen zum Segen.

HEILUNG GESCHIEHT
Das Wunder möglich machen

Heilung geschieht hat als Ziel die Selbstheilung – die große Heilkunst, auf die eigenen Zellen durch die Kraft des Bewusstseins segensreich einzuwirken. Die CD ist geeignet für Heiler, Therapeuten und für Menschen, die auf ihrer Lebensreise eine herausfordernde Zeit durch Krankheiten zu bestehen haben.

MOTHER HEALING
Das Heilen der Mutterbeziehung

Mother Healing schenkt seinen Hörern die Möglichkeit, die Beziehung zur personalen Mutter zu heilen und gleichzeitig durchzubrechen in eine Erfahrung der Göttlichen Mutter. Durch einen einzigartigen Perspektivwechsel können hinderliche Muster in Liebe aufgelöst werden. Die Mutterbeziehung wird auf überraschende Art geheilt, und ein neuer Raum für eine direkte Begegnung mit der Göttlichen Mutter öffnet sich.

Kontakt und Bezugsquelle

Alle hier vorgestellten Audio-CDs sind bestellbar über

Website: www.thomasyoung.com
E-Mail: info@thomasyoung.com
Telefon: 0 75 63 915 355 (Büro Thomas Young)

Ebenso findest du dort die Termine für die dreistündigen Lebe-dein-Momentum-Workshops, die Momentum-Mastery-Wochenendseminare und das neue revolutionäre Momentum-Mastery-Jahrestraining.

Über den Autor

Der in Deutschland geborene Weisheitslehrer Thomas Young hat die Fähigkeit, Menschen zutiefst in ihren Herzen zu berühren. Er zeichnet sich aus durch Klarheit, Liebe und einen herzerfrischenden Humor. Seit vielen Jahren bringt der Mystiker die Menschen in Kontakt mit der alchemistischen Kraft des Herzens. Durch ständige Vortragsreisen und Workshops in Europa und den USA und als beliebter Key Note Speaker auf vielen Kongressen ist er einem größeren Publikum bekannt. Thomas Young lebt glücklich auf Big Island Hawaii.

Der Herzlehrer Thomas Young lebt, was er spricht: »Wirkliche Transformation findet nur über das Herz statt, wer sich fest im Herzen verankert, geht den Weg der Eingeweihten.« Er vermittelt besondere Techniken, um die eigene Herzenergie direkt zu erleben. Auf Reisen um die Welt hat der hellsichtige Mystiker mehrere Herzeinweihungen erfahren, die ihn verwandelt haben.

Der Bewusstseinsforscher Thomas Young arbeitet auf Seminaren und Retreats sowohl mit kraftvollen Techniken, die in antiken Mysterienschulen ihre Anwendung fanden, als auch mit neu entwickelten, zeitgemäßen Bewusstseinswerkzeugen. Zentraler Fokus seiner Arbeit ist die Erweckung des Herzzentrums und das

Erleben spiritueller Durchbrüche. Gleich zu Beginn seiner Herzlehren fühlten sich Führungskräfte, CEOS, Heiler, Therapeuten und andere Multiplikatoren vieler spiritueller Wege von seiner Arbeit angesprochen. Der Raum, den Thomas Young als Mystiker zur Verfügung stellt, gibt seinen Teilnehmern die Möglichkeit, einzigartige Erfahrungen zu machen. Sein Forschungsinteresse gilt den Prinzipien der Schöpfung und der Manifestation durch die Kraft des Herzbewusstseins.